Natürlich kochen im Mikrowellen-RÖMERTOPF

Fritz Faist

Natürlich kochen im
Mikrowellen-
RÖMERTOPF

Im FALKEN Programm sind zum Thema Mikrowellen erschienen:
»Kochen mit Mikrowellen« (Nr. 0818)
»Das neue Mikrowellen-Kochbuch« (Nr. 0434)
»Die neue Mikrowellen-Küche« (Nr. 4289)

CIP-Titelaufnahme der Deutschen Bibliothek

Faist, Fritz:
Natürlich kochen im Mikrowellen-Römertopf / Fritz
Faist. – Niedernhausen/Ts.: Falken-Vrl., 1988
    (FALKEN Bücherei)
    ISBN 3-8068-0947-X

ISBN 3 8068 0947 X

© 1988 by Falken-Verlag GmbH, 6272 Niedernhausen/Ts.
Titelbild und Fotos: TLC-Foto-Studio GmbH, Bocholt
Die Ratschläge in diesem Buch sind von Autor und Verlag sorg-
fältig erwogen und geprüft, dennoch kann eine Garantie nicht
übernommen werden. Eine Haftung des Autors bzw. des Verla-
ges und seiner Beauftragten für Personen-, Sach- und Vermö-
gensschäden ist ausgeschlossen.
Gesamtherstellung: Ebner Ulm

817 2635 4453 6271

Inhalt

Kochen und genießen auf neue Art

Haushalte, die auf gesundheitsbewußte Ernährung und damit auch auf schonendes Garen Wert legen, arbeiten schon seit langem mit dem RÖMERTOPF.

Gegenüber herkömmlichem Koch- und Bratgeschirr wird in diesem Keramiktopf kaum Fett und Flüssigkeit zur Speisenzubereitung benötigt; Fleisch, Fisch und Gemüse garen im eigenen Saft: So bleiben alle lebenswichtigen Nährstoffe erhalten. Der Eigengeschmack der Lebensmittel ist unverfälscht, weil die natürlichen Aromastoffe nicht mehr mit dem Kochwasser weggeschüttet und durch starke Gewürze ersetzt werden müssen. Dabei sehen die Speisen sehr appetitlich aus.

Diese und noch weitere Vorzüge des Garens im RÖMERTOPF können Sie phantastisch mit den Vorteilen der schnellen Mikrowellen verbinden. Ja, man kann sogar behaupten, daß der RÖMERTOPF und das Mikrowellengerät die idealen Partner von morgen sind: Leicht bekömmliche, köstliche Schlemmereien, in »Windeseile« zubereitet, kommen Ihrer Gesundheit zugute, und Sie sparen neben viel Zeit auch teure Energie.

Aber damit noch nicht genug der überzeugenden Vorteile. Ein wesentliches Argument für den RÖMERTOPF ist, daß er die Kombination verschiedener Garmethoden ermöglicht, das heißt: Mit dem RÖMERTOPF schmoren Sie Ihren Sonntagsbraten schonend und schnell in der Mikrowelle und geben ihn zum Überkrusten in Ihren konventionellen Backofen oder unter den Grill, denn die hochwertige Keramikqualität von BAY ist sowohl mikrowellenfreundlich als auch »ofenfest« bis über 280° C.

RÖMERTOPF und Mikrowelle – oder das Kombigaren – bringen ein völlig neues Kocherlebnis. Die Zubereitung der Speisen wird einfacher und geht schneller. Der Geschirrberg für den Abwasch schrumpft, denn der Mikrowellen-RÖMERTOPF ist Koch- und Serviergeschirr in einem. So kann Kochen zum Hobby werden.

Neuartige Methoden und Techniken bedingen aber auch immer ein gewisses Umdenken in der Praxis; veränderte Wirkungs- und Vorgehensweisen erfordern andersartige Handgriffe.

Um Ihnen den Einstieg zu erleichtern, machen wir Sie in diesem Buch zunächst mit den wichtigsten Unterschieden im Vergleich zum herkömmlichen Garen vertraut und präsentieren Ihnen dann eine Vielzahl klassischer und kreativer Schöpfungen der guten Küche, die von uns mehrfach erprobt und auf die moderne Mikrowellentechnik umgearbeitet wurden.

Wir wünschen Ihnen viel Spaß beim Kochen mit dem Mikrowellen-RÖMERTOPF.

Abkürzungen und Hinweise zum Rezeptteil:

TL   = Teelöffel
EL   = Eßlöffel
g   = Gramm
l   = Liter
ml   = Milliliter
P.   = Päckchen
Msp. = Messerspitze
1 große Dose = ¹/₁ Dose mit 850 ml Füllgewicht
1 Dose   = ²/₃ Dose mit 580 ml Füllgewicht
1 kleine Dose = ½ Dose mit 425 ml Füllgewicht

RÖMERTOPF und Mikrowelle: die ideale Partnerschaft

Kochen und Braten im RÖMERTOPF ist schon seit über 20 Jahren eine einfache und praktische Angelegenheit. Bei der Bezeichnung RÖMERTOPF denkt jeder sofort an das rotbraune Tongeschirr. Aber dies ist nicht schlechthin der Oberbegriff für alle Keramiktöpfe, sondern das international eingetragene Warenzeichen der Firma BAY-Keramik in Ransbach. Beim Original-RÖMERTOPF finden Sie diesen Schriftzug stets im Topfdeckel eingraviert.

Der RÖMERTOPF wird aus einem besonderen Naturton geformt und bei über 1000° C gebrannt. Nur dadurch erhält er seine hervorragenden Eigenschaften zum Garen von Lebensmitteln.

Für den Küchenalltag wurde jetzt ein neuer spezieller RÖMERTOPF entwickelt, der sowohl mikrowellengeeignet als auch in Kombination mit Heißluft sowie Ober- und Unterhitze im Backofen zu verwenden ist.

Der Mikrowellen-RÖMERTOPF besteht aus einem glasierten Unterteil und einem porösen, atmungsaktiven Deckel. Neu ist auch der Thermoboden. Dadurch schließen sich beispielsweise die Fleischporen schneller, es wird eine stärkere Bräunung erzielt, und die Garzeiten verkürzen sich. Außerdem speichert er die Wärme wesentlich länger als Glas, Hartporzellan oder Steinzeug. Dies ist wichtig, wenn Sie fertiggegartes Fleisch, Gemüse oder Fisch beiseite stellen müssen, um noch die Soße zuzubereiten, oder im Mikrowellen-RÖMERTOPF servieren. Stövchen und Warmhalteplatte erübrigen sich.

Das vom normalen RÖMERTOPF bekannte Prinzip des Dunstgarens wird jetzt im Mikrowellengerät genauso erreicht wie in der konventionellen Backröhre, denn die Mikrowellen erwärmen zunächst das im Deckel vorher aufgenommene Wasser. Dünsten heißt, ohne oder mit nur wenig Flüssigkeits- und Fettzugabe garen. Dadurch bleiben die Vitamine, Mineralstoffe und Spurenelemente weitgehend erhalten. Dies ist für eine gesunde Ernährung besonders wichtig, denn der Körper kann diese

Nährstoffe nicht selbst produzieren. Sie müssen täglich in ausreichender Menge durch die Speisen zugeführt werden.

Das Dünsten ist aber nicht nur die schonendste Garmethode in bezug auf die Erhaltung der lebenswichtigen Inhaltsstoffe. Auch das Eigenaroma, der ursprüngliche Flüssigkeitsgehalt und die natürliche Farbe des Ausgangsproduktes bleiben weitgehend erhalten. Man kann also auf zusätzliche magen- und darmreizende Gewürze verzichten; außerdem bleiben die Speisen durch und durch saftig und sehen appetitlich aus.

Die Kombination des Dunstgarens im RÖMERTOPF mit den Vorzügen der neuzeitlichen, schnellen Mikrowelle ergibt eine fast unschlagbare Partnerschaft. Denn dadurch bleiben die Speisen appetitlich, und sie sparen Zeit und Energie. Vergleichsuntersuchungen haben ergeben, daß 40 bis 70% weniger Zeitaufwand erforderlich sind und der Energieverbrauch um 30 bis 50% reduziert werden kann. Das macht sich in Ihrer Freizeit und in Ihrem Haushaltsbudget bald deutlich bemerkbar.

Die Einsatzmöglichkeiten der Mikrowellen beim Garen hat man allerdings erst in den letzten Jahren entdeckt und getestet. Bis vor etwa einem Jahrzehnt galt als Domäne der elektromagnetischen Wellen eigentlich nur das rasante Auftauen und Erwärmen. Bei diesen Küchenprozessen sind sie auch nach wie vor unübertroffen. Doch es hat sich herausgestellt, daß die Mikrowellen eine gewisse »Hilfeleistung« durch geeignete Gefäße benötigen, denn aufgrund ihrer Eigenschaften, das heißt der spezifischen Wärmeerzeugung, der konzentrierten Energie und der Geschwindigkeit kann es bei dieser noch ungewohnten Methode leicht vorkommen, daß zu erwärmende Speisen oder tiefgefrorene Lebensmittel an der Oberfläche schon austrocknen, während der Kern noch kalt oder vereist ist. Der Mikrowellen-RÖMERTOPF erweist sich auch bei diesen Vorgängen als ideale Ergänzung: Der Naturton läßt die Mikrowellen ungehindert in das Gargut eindringen und verhindert gleichzeitig das Verdampfen der lebensmitteleigenen Flüssigkeit. Zudem können Sie jetzt im gleichen Mikrowellen-RÖMERTOPF mehrere Vorgänge erledigen: Auftauen, Erwärmen, Garen, Servieren. Und das bedeutet nicht nur den Wegfall lästigen Spülgeschirrs.

Bevor Sie nun aber loslegen möchten, müssen wir Ihnen zum guten Gelingen noch einige Hinweise im Umgang mit dem Mikrowellen-RÖMERTOPF geben:

Tips und Tricks

● Vor dem ersten Gebrauch des Mikrowellen-RÖMERTOPFES sollten Sie ihn mit heißem Wasser und einer Spülbürste reinigen, denn vor allem im porösen Deckel könnten noch feiner Staub aus dem Herstellungsprozeß haften.

● Bei jeder Verwendung des Mikrowellen-RÖMERTOPFES muß der Deckel gewässert werden. Halten Sie ihn kurze Zeit unter fließendes Wasser, die Keramik kann sich dann gleichmäßig vollsaugen.

● Die Mikrowellen erwärmen bei Garbeginn zuerst die gespeicherten Wassermoleküle, der entstehende Dunst im Innern des Topfes schützt so das Gargut vor dem Austrocknen.
Durch diesen Vorgang erwärmt sich aber auch der Deckel. Verwenden Sie deshalb beim Anfassen stets Topfhandschuhe.

● Jeder Garvorgang muß ständig überwacht werden, trotz aller Perfektion, die heutige Küchensysteme anbieten. Außerdem erfordern die Lebensmittel unterschiedliche Garzeiten, so daß die Zutaten einiger Speisen nach und nach hinzugefügt werden müssen. In diesen Fällen sollten Sie den Mikrowellen-RÖMERTOPF nie im Mikrowellengerät öffnen, sondern immer den ganzen Topf herausnehmen und auf einer Arbeitsplatte abstellen. So verhindern Sie eventuelle Brandverletzungen durch den entgegenströmenden heißen Dampf.

● Halten Sie sich bei den Rezepten in diesem Buch zunächst streng an die Anleitung, das erspart Ihnen viele Experimente, und Sie werden schneller mit der Arbeitsweise dieser neuen Küchengeräte – RÖMERTOPF und Mikrowelle – vertraut. Allen Anfängern möchte ich aus der umfangreichen Rezeptsammlung drei besonders schmackhaft Gerichte zum Ausprobieren empfehlen. Blumenkohl mit Käsehaube (Seite 41), Roastbeef im Kräutermantel (Seite 64) und Rotbarschfilets mit Gemüse (Seite 95). Diese Rezepte sind einfach in der Zubereitung und gelingen auf Anhieb.

● Die Temperaturwechselbeständigkeit wurde beim Mikrowellen-RÖMERTOPF wesentlich verbessert. So können Sie jetzt auch problemlos kühle Flüssigkeiten wie Wein oder Saft während des Garens angießen. – Stellen Sie den aus der Mikrowelle kommenden Topf trotzdem niemals auf sehr kaltem Material – wie Marmor oder Metall – ab; ein solcher Temperaturschock

könnte zu Rißbildungen führen.

● Da beim Dünsten immer im geschlossenen Topf gegart wird, können auch keine Saft- oder Fettspritzer das Mikrowellengerät verschmutzen.

● Wenn Sie Suppen, Eintöpfe oder Aufläufe im Mikrowellen-RÖMERTOPF zubereiten wollen, dann füllen Sie die Zutaten niemals randvoll auf, weil sich Flüssigkeit beim Erhitzen ausdehnt und bei diesen feuchtigkeitshaltigen Gerichten zusätzlich ein stärkerer Dunst entsteht, der den Deckel hochdrücken könnte; die Folge wäre das Überkochen des Gargutes. Als Richtwert kann man sich merken: Den Topf nur bis maximal ⅔ Wandhöhe füllen.

● Mikrowellen kann man sich auch als parallel verlaufende Strahlen in Wellenform vorstellen; durch die dazwischenliegenden Abstände treffen sie immer nur partiell auf die Feuchtigkeits- oder Fettmoleküle. Deshalb müssen alle Zutaten während des Garens in der Mikrowelle immer wieder umgerührt werden – nur so kann eine gleichmäßige Erwärmung und Wärmeverteilung oder -übertragung stattfinden.

● Zu bratendes Fleisch, Geflügel und Fisch ohne Flüssigkeitsbeigabe sollte aus oben genanntem Grund ebenfalls öfter gewendet werden. Zudem wird durch den Kontakt mit dem neuartigen Thermoboden rundherum eine bessere Bräunung erzielt.

● Da in der Mikrowelle kaum Temperaturen über 130° C erreicht werden, kann Fett niemals an- und einbrennen, auch nicht bei Überschreitung der Garzeiten. Außerdem wird dies durch die Glasur des Mikrowellen-RÖMERTOPF-Unterteils verhindert. Die Reinigung ist deshalb jederzeit schnell und mühelos. Sie benötigen dazu nur heißes Wasser, etwas Spülmittel für die Auflösung des verwendeten Fettes und eventuell eine Spülbürste. Auf keinen Fall dürfen Scheuermittel verwendet werden, denn damit verstopft man die Poren des Deckels und bringt Kratzspuren in die Glasur des Unterteils. Der Mikrowellen-RÖMERTOPF ist spülmaschinenfest.

● Es ist möglich, daß das poröse Keramikmaterial des Deckels sich mit der Zeit verfärbt. Deshalb sollten Sie ihm alle 6 Monate eine Regeneration gönnen. Legen Sie ihn dazu für einige Zeit in erwärmtes Essigwasser. So werden alle Poren gut durchspült und wieder atmungsaktiv.

● Der Mikrowellen-RÖMERTOPF sollte immer an einem luftigen Ort aufbewahrt werden. Im Regal oder auf einer Anrichte sieht er zudem sehr dekorativ aus.

Wer dieses Buch zur Hand nimmt, ist sicherlich schon glücklicher Besitzer eines Mikrowellengerätes und sucht jetzt nach neuen Erkenntnissen und verbesserten Umsetzungsmöglichkeiten, wie sie der Mikrowellen-RÖMERTOPF bietet.

Wenn Sie also ein »gewiefter Hase« in Sachen Mikrowelle sind, können Sie die nächsten Seiten überspringen und im darauffolgenden Kapitel weiterlesen, wie sich der Mikrowellen-RÖMERTOPF, das Mikrowellengaren und die konventionellen Garmethoden optimal kombinieren lassen.

Für all jene, die erst seit kurzem zur Mikrowelle gefunden haben und sich jetzt bei der Überlegung zur Erstanschaffung sowie der dazu notwendigen Gerätschaften befinden, wollen wir das grundlegende Wirkungsprinzip der Mikrowellen erläutern und praktische Tips sowie Hinweise zum Umgang mit dieser modernen Garmethode geben.

Abc der Mikrowellenpraxis

Was sind Mikrowellen und wie funktionieren sie?

Ähnlich den Rundfunk- und Fernsehwellen werden von einem Sender – dem sogenannten Magnetron – elektromagnetische Wellen einer bestimmten Frequenz erzeugt. Diese gelangen über verschiedene Verteilersysteme in den nach außen hermetisch abgeschirmten Garraum. Dort werden die Mikrowellen von den Metallwänden mehrfach abgestoßen oder reflektiert, bis sie auf das Gargut treffen. Erst hier und nur in diesen organischen Stoffen können sie etwas bewirken. Die unsichtbaren und stets kalten Wellen bringen die in den Lebensmitteln enthaltenen kleinsten Fett- und Feuchtigkeitsmoleküle in starke Bewegung. Dadurch reiben sie sich aneinander: Reibungswärme entsteht. Diese breitet sich nach innen zum Kern hin aus und gart die Speise.

Mikrowellen arbeiten völlig anders, als Sie es vom Feuer, der Herdplatte und dem Backofen gewohnt sind. Sie erzeugen die Wärme direkt dort, wo sie gebraucht wird, und benötigen keine Umwege über die Hitzestelle, den Topf und die Kochflüssigkeit, wie bei der herkömmlichen Wärmeleitung. Deshalb können Mikrowellen auch sehr viel schneller den Garprozeß vollziehen. Was früher Stunden erforderte, erledigen die Mikrowellen heute in Minuten, und statt in Minuten schaffen sie es in Sekunden.

Aus dieser andersartigen Wirkungsweise wird auch verständlich, warum man im Umgang mit dieser relativ jungen, technischen Neuheit ein wenig umdenken muß. Das ist jedoch nicht problematisch, wenn man sich das Funktionsprinzip anfangs ständig vergegenwärtigt. Wenn Sie dazu noch die folgenden Besonderheiten beachten, ist Ihnen der Erfolg von Anfang an garantiert.

Mikrowellengeschirr

Mikrowellen erwärmen nur Wasser- und Fettbestandteile, von Metallen werden sie zurückgeworfen, alle anderen Gefäßmaterialien durchdringen sie fast widerstandslos. Fast, denn je fester und dicker die Materialsubstanz zusammengefügt ist, um so erschwerlicher wird auch für Mikrowellen der Durchgang. Es kommt zu einem gewissen Energieverlust, und die Wärmeentstehung verzögert sich. So ist verständlich, daß es auch bei mikrowellengeeigneten Geschirren positive und negative Beeinflussungen gibt.

Obgleich schon seit langem bekannt war, daß Tongefäße im Mikrowellenherd verwendet werden können, bestand doch kein konrekter Nachweis dafür, daß sich beim Mikrowellengaren keine Unterschiede zu den in herkömmlichen Backöfen zubereiteten Gerichten ergeben. Dieser wurde jetzt mit dem Mikrowellen-RÖMERTOPF erbracht. Das poröse Keramikmaterial bietet den Mikrowellen eine optimale Durchlässigkeit, und das glasierte Unterteil mit dem Thermoboden speichert die von den Speisen übermittelte Kontaktwärme. Damit ist der Mikrowellen-RÖMERTOPF nach neuesten Erkenntnissen eine der geeignetsten Geschirrarten.

Auftauen

Mikrowellen beweisen ihre größten Vorzüge beim Auftauen und Erhitzen. Wenn Sie bisher beispielsweise ein Hähnchen aus der Tiefkühltruhe zubereiten wollten, mußten Sie etwa 10 Stunden fürs Auftauen rechnen. Die Mikrowellen erledigen das für Sie in 25 bis 30 Minuten, und zwar genauso schonend wie bei Zimmertemperatur.

Wichtig ist hierbei besonders, daß das Auftaugut abgedeckt wird, sonst trocknet die Fleischoberfläche aus, bevor die Wärme den Eiskern erreicht hat. Auch bei diesem Vorgang sollte der Deckel des RÖMERTOPFES zuvor unter fließendes Wasser gehalten werden.

Werden größere Fleischstücke in der Mikrowelle aufgetaut, sollten Sie ihnen etwas mehr Zeit einräumen als in den Richttabellen angegeben, das heißt, Ruhepausen einlegen. Dadurch kann sich die Wärme gleichmäßiger nach innen ausbreiten. Dies wirkt sich günstig auf die Qualität des Lebensmittels aus. Bei der neuen Generation der Mikrowellengeräte ist dies nicht mehr erforderlich, da sie als sogenannte taktende Mikrowellen automatisch in Intervallen arbeiten. In jedem Fall aber ist mehrmaliges Wenden empfehlenswert.

Suppen, Soßen und Kompotte müssen während des Auftauens öfter umgerührt werden, damit sich die kalten mit den schon erwärmten Partien vermischen. Wollen Sie gefrostete Lebensmittel gleich anschließend im RÖMERTOPF garen, müssen diese nicht vollständig aufgetaut sein. Wird bei Gemüse, Obst oder Fleisch zum Garen viel Flüssigkeit angegossen, kann die Auftauzeit ohnehin stark verkürzt werden.

Wenn Sie Lebensmittel und fertige Gerichte selbst einfrieren, achten Sie von vorneherein darauf, daß die Portionen möglichst klein gehalten werden. Das Auftauen, Erhitzen und Garen erfolgt dann schneller, gleichmäßiger und erspart Energie.

Erwärmen, Erhitzen

Das Erwärmen vorgegarter Speisen ist in der Mikrowelle ein Kinderspiel. Dabei schmeckt alles wie frisch zubereitet. Somit ist das leidige Thema »Aufgewärmtes« vom Tisch. Ganz gleich, wann immer ein Familienmitglied nach Hause kommt, im Nu ist die komplette Mahlzeit servierfertig.

Dank dieser neuartigen Errungenschaft durch die Mikrowellen können Sie die Speisen, wenn Sie es besonders eilig haben, auch vorkochen und dann nur noch kurz erwärmen. Außerdem lohnt es sich jetzt, auf Vorrat zu kochen und einen Teil einzufrieren. So können Sie auch in kürzester Zeit eine vollständige Mahlzeit für Ihre Lieben auf den Tisch zaubern.

Tips und Tricks

● Stellen Sie Ihre Mahlzeit aus Fleisch, Gemüse und Kartoffeln zum Erwärmen gleich auf dem Eßteller zusammen, müssen Sie ihn mit Folie oder einer Mikrowellenhaube abdecken, sonst trocknen die Speisen aus.

- Flüssigkeiten dürfen niemals in festverschlossenen Flaschen oder Gläsern erhitzt werden. Der Deckel muß hier stets abgeschraubt werden. Rühren Sie die Speise oder das Getränk zum Temperaturausgleich mehrfach um, oder schütteln Sie die wieder verschlossenen Flaschen kräftig durch.
- Auch im Mikrowellen-RÖMERTOPF zu Erwärmendes wird mit dem gewässerten Deckel verschlossen und anschließend in der Mikrowelle erhitzt.
- Alle Gerichte, die eine krosse Oberfläche haben und behalten sollen – wie Paniertes, Fettgebackenes, Geflügel, Pasteten, Brötchen sowie Kuchen –, dürfen nicht abgedeckt werden.
- Lebensmittel, die mit einer Haut umgeben sind – wie Tomaten, Äpfel, Würstchen und dergleichen –, müssen mit einer Gabel einige Male rundherum eingestochen werden, sonst platzen sie bei der Erwärmung auf, und das sieht unschön aus.

Garen

Legierte Suppen, Gemüse, Fisch, Fleisch, Ragouts und Kompotte, das sind die Domänen der Mikrowellen. Hier kann keine andere Garmethode mit ihnen konkurrieren. Sie überzeugen bei diesen Garprozessen vor allem durch die schonende Behandlung der für die Gesundheit wichtigen Inhaltsstoffe. Das typische Aroma wird hervorgehoben, und die natürlichen Farben bleiben erhalten. Darüber hinaus wird Fleisch zart und saftig, Gemüse – wie gewünscht – knackig im Biß.
Gegenüber den herkömmlichen Garmethoden benötigen die Mikrowellen kaum zusätzliches Fett oder Kochflüssigkeit, weil sie die Wärme direkt in den Lebensmitteln erzeugen. Nur an der Oberfläche des Gargutes kann es aufgrund der spezifischen Wirkungsweise der schnellen Mikrowellen zu Übergarungs- und Austrocknungseffekten kommen, deshalb leistet der Mikrowellen-RÖMERTOPF mit seinem ergänzenden Dunstprinzip hier genau die richtige Unterstützung.

Tips und Tricks

● Doppelte Mengen erfordern fast die doppelte Zeit.

● Wird für mehrere Personen gekocht, ist es oft empfehlenswerter, die Einzelportionen nacheinander zu garen. In jedem Fall sollte die Speise möglichst flach ausgebreitet und nicht gehäuft werden. Wichtig ist auch hier immer das Abdecken, häufiges Umrühren oder Wenden.

● Da die Mikrowellen ungewohnt flink arbeiten, sollten Sie anfangs ständig auf »Beobachtungsposten« sein, nur so bekommen Sie ein Gefühl für die neuen Garzeiten und vermeiden ein Übergaren.

● Haben Fleisch, Geflügel oder Fisch unterschiedlich hohe Teile, sollten Sie die dünneren Stücke bis zur halben oder bis zu ²/₃ der Garzeit mit kleinen Stücken Alufolie abdecken, Sie erreichen dann ein gleichzeitiges Garergebnis.

● Geschälte Kartoffeln bekommen beim Garen in der Mikrowelle ein gummiartiges Häutchen. Deshalb Kartoffeln am besten als Pellkartoffeln zubereiten, die Schale einstechen, damit die Kartoffeln durch den Wasserdampf im Inneren nicht zerplatzen.

● Mageres Fleisch wird trotz Dunstprinzip im RÖMERTOPF noch zarter und saftiger, wenn es vorher mit Öl oder einer Gewürzpaste eingerieben wird.

● Suppen und Eintöpfe sind besonders einfach und schnell in der Mikrowelle zuzubereiten. Instantprodukte rühren Sie in lauwarme oder kalte Flüssigkeit ein und geben Sie in der Servierschüssel ins Mikrowellengerät. Bei der Verwendung von frischem Gemüse garen Sie das klein geschnittene Gemüse erst mit nur einem Stich Butter und füllen dann mit Brühe, Sahne und anderen Zutaten auf oder vermischen alles im Mixer und geben es dann in die Mikrowelle.

● Zu guter Letzt noch ein sehr wichtiger Hinweis zum Garen in der Mikrowelle. Nach Ende der Garzeit sollten alle Speisen ein paar Minuten ausruhen können. Dies hat zwei triftige Gründe: 1. verbessert die Ausgleichswärme die Qualität, und 2. sammelt sich der Speisensaft im Fleisch, so daß er beim Anschneiden nicht sogleich austritt.

Kombiniert garen mit dem Mikrowellen-RÖMERTOPF

Da der Mikrowellen-RÖMERTOPF auch Backofentemperaturen über 280° C verträgt, können Sie jetzt die speziellen Vorzüge der verschiedenen Garsysteme in nur einem Geschirr nutzen und voll ausschöpfen. Die Kombination bringt Ihnen verbesserte Resultate in wesentlich kürzerer Zeit.

Das Schlagwort der Zukunft heißt deshalb Kombigaren. Heißluft, Umluft oder auch Konvektion genannt, werden mit der Mikrowelle und bei einigen Gerichten noch mit dem Infrarot-Grill eingesetzt. Die andere Möglichkeit ist Ober- und Unterhitze in Verbindung mit Mikrowelle.

Ein Beispiel soll dies verdeutlichen: Ein tiefgefrorener Schweinebraten von 1000 Gramm wird in den Mikrowellen-RÖMERTOPF gegeben und bei 80 bis 100 Watt in 30 bis 40 Minuten aufgetaut. Dann schüttet man die Auftauflüssigkeit ab, würzt den Braten und fügt zwei Eßlöffel Butterschmalz hinzu. Das geschlossene Geschirr wird wieder in das Mikrowellengerät gestellt und bei etwa 360 Watt 15 Minuten vorgegart. Inzwischen heizt man den Backofen auf etwa 120° C vor, stellt den Mikrowellen-RÖMERTOPF hinein und gart den Schweinebraten in der Heißluft bei 220° C in etwa 15 Minuten (im Elektroherd bei 230° C in etwa 20 Minuten). Dann wird der Topfdeckel entfernt und der Grill für 5 bis 10 Minuten zugeschaltet.

So erhalten Sie in fast der halben Garzeit wie bisher einen zarten, saftigen Schweinebraten mit einer leckeren, tiefbraunen Kruste. Dazu ergibt der Bratenfond die Basis für eine geschmacklich abgerundete Soße. Während Sie diese nun zubereiten, hält der RÖMERTOPF den Sonntagsbraten warm.

Das kombinierte Garen überzeugt also durch die erstklassige Qualität der zubereiteten Speisen, die Geschwindigkeit, die Energieeinsparung und durch die praktische Handhabung – vorausgesetzt, man besitzt das Multifunktionsgeschirr: den Mikrowellen-RÖMERTOPF.

Wenn Sie neben dem Kauf eines Mikrowellengerätes auch vor der Neuanschaffung eines Backofens stehen, dann sollten Sie sich im Fachhandel zunächst über die neueste technische Entwicklung der Küchenherde informieren. Seit etwa zwei Jahren gibt es nämlich auch schon Backöfen mit integrierter Mikrowelle. Der Vorteil ist, daß Sie Ihr Gargut nicht mehr umstellen müssen und die schnellen Wellen während der gesamten Garzeit mitarbeiten. Die Garzeiten verkürzen sich gegenüber herkömmlichen Methoden sogar um bis zu 70%.

Da diese modernste Form des Garens für die meisten Haushalte in ein paar Jahren Realität sein wird, wollen wir noch einmal auf die heutigen Möglichkeiten der Kombination zurückkommen, denn auch hier gibt es ein paar Änderungen in der Vorgehensweise.

Unter Mikrowelleneinwirkung erreicht das Gargut eine Temperatur bis maximal 130° C. Wenn Sie den Garprozeß im Backofen fortsetzen wollen, müssen Sie diesen in etwa auf die gleiche Temperatur vorheizen. So kann das Garen ohne zwischenzeitliche Abkühlung weitergeführt werden, und der RÖMERTOPF erleidet keinen Temperaturschock.

Bei umgekehrter Arbeitsweise wird der Mikrowellen-RÖMERTOPF in den kalten oder vorgeheizten Backofen gestellt.

Für welche Reihenfolge und jeweilige Garzeit der zu kombinierenden Garmethoden Sie sich entscheiden, hängt neben den schon genannten spezifischen Vorzügen auch von dem gewünschten Geschmacksergebnis ab. Dies trifft vor allem für Fleisch, Geflügel und Fisch zu. Grundsätzlich kann man davon ausgehen, daß Mikrowellen zu einem *gekochten* Resultat führen, im Backofen dagegen auch *gebraten* werden kann. Wenn Ihr Braten also einmal nicht gar werden will oder Sie insgesamt die Zubereitungszeit verkürzen möchten, dann geben Sie ihn aus der Backröhre in das Mikrowellengerät.

Hinweise zu den Rezepten

Inzwischen bieten eine Vielzahl von Herstellern Mikrowellengeräte mit unterschiedlicher Leistung und verschiedenen Leistungsstufen an. Auch Geräte mit gleicher Ausgangsleistung führen je nach Gerät zu unterschiedlichen Garergebnissen. Deshalb ist es nicht möglich, für alle Geräte verbindliche Garzeiten bis auf die Sekunde exakt anzugeben.

Wenn Sie ein Mikrowellengerät neu erworben haben, probieren Sie am besten die Garzeiten für die wichtigsten Lebensmittel in Ihrem Gerät aus und ergänzen die nachstehende Tabelle, die Ihnen als Orientierungshilfe dienen soll.

Die in den Rezepten angegebenen Garzeiten beziehen sich auf Geräte mit 600–700 Watt. Die Garzeiten sind als Zeitspannen angegeben, da sie innerhalb einer Lebensmittelgruppe schwanken können. Diese Schwankungen sind abhängig von der Festigkeit, dem Reifezustand und der Sorte. So brauchen zum Beispiel bei Karotten die Herbstsorten länger als ganz zarte, frische Karotten der neuen Ernte. Zartes, gut abgehangenes Fleisch braucht kürzere Zeit zum Braten als festeres, etwas zähes Fleisch. Diese manchmal etwas unliebsamen Unterschiede bei den Garzeiten sind Ihnen ja aber auch vom konventionellen Garen vertraut.

Umrechnung der Garzeiten für verschiedene Geräte

Besitzen Sie ein Mikrowellengerät mit einer Leistung von 600 Watt, orientieren Sie sich am besten an der oberen Grenze der angegebenen Werte und überprüfen nach Ablauf der Zeit den Garzustand. Bei Bedarf geben Sie das Gericht dann noch einmal für einige Minuten in die Mikrowelle.

Für die Umrechnung der Garzeiten für Geräte mit weniger als 600 Watt Leistung hier einige Faustregeln. Pro 100 Watt weniger rechnen Sie bei weichen Lebensmitteln – wie Zucchini, Erbsen, Gurken, Paprika, Spinat usw. – 1 bis 2 Minuten länger, bei härteren Lebensmitteln 3 bis 4 Minuten. Als generelle Faustregel gilt: doppelte Menge braucht etwa doppelte Zeit.

GARTABELLE

Produkt	Menge in g	Garzeit Mikrowelle		Garzeit Kombigerät		
		Lei-stung	Zeit/ Min.	Grad	Lei-stung	Zeit/ Min.

Fleisch

Produkt	Menge in g	Lei-stung	Zeit/Min.	Grad	Lei-stung	Zeit/Min.
Schweinekotelett, natur	180	75-100%	3-5	230	50-75%	5-7
Schweineschnitzel, natur	150	75-100%	3-4	220	50-75%	4-5
Schweinebraten	1000	50-75%	30-35	220	50-75%	30-35
Schweinenacken	1500	50-75%	40-45	220	50-75%	40-45
Schweinebauch	800	50-75%	25-30	220	50-75%	30-35
Schweinehaxe	750	50-75%	25-30	220	50-75%	30-35
Schweinegulasch	600	50-75%	15-20	220	50-75%	25-30
Schweinefilet	4 × 250	75-100%	10-15	250	75-100%	10-12
Lammkotelett	4 × 150	75-100%	10-15	250	75-100%	8-10
Lammgulasch	750	50-75%	20-25	220	50-75%	30-35
Lammfilet	250	75-100%	3-4	250	50-75%	5-8
Rinderschmorsteak	4 × 200	75-100%	30-40	220	50-75%	40-45
Rinderbraten	500	50-75%	15-20	220	50-75%	25-30
Rinderbraten	1000	50-75%	35-45	220	50-75%	35-40
Roastbeef	1500	50-75%	25-30	230	50-75%	20-25
Rinderfilet	250	-	-	250	50-75%	4-6
Rinderrouladen	4 × 250	50-75%	30-35	220	50-75%	30-35
Rindergulasch	600	50-75%	30-35	220	50-75%	30-35
Kalbskotelett	200	75-100%	3-5	220	50-75%	3-5
Kalbsschnitzel	2 × 100	75-100%	3-4	220	50-75%	3-4
Kalbsbraten	500	75-100%	12-18	220	50-75%	20-25
Kalbsbraten	1000	50-75%	30-35	220	50-75%	30-35
Kalbsbrust, gefüllt	1500	50-75%	30-35	220	50-75%	35-40
Kalbsgulasch	600	50-75%	25-30	220	50-75%	25-30
Kalbsrouladen	4 × 200	50-75%	25-30	220	50-75%	20-25
Kalbsfilet	250	-	-	220	50-75%	4-5

Geflügel

Produkt	Menge in g	Lei-stung	Zeit/Min.	Grad	Lei-stung	Zeit/Min.
Hähnchenbrust	150	50-75%	4-6	250	50-75%	4-6
Hähnchenkeule	150	50-75%	5-7	250	50-75%	4-6
Hähnchen	800	50-75%	15-20	240	50-75%	15-20
Poularde	1200	50-75%	20-25	220	50-75%	15-20
Putenschnitzel	180	75-100%	3-5	220	50-75%	3-4
Putenbrust	1000	50-75%	20-25	220	50-75%	20-25

Fisch

Produkt	Menge in g	Lei-stung	Zeit/Min.	Grad	Lei-stung	Zeit/Min.
Fischfilet	200	75-100%	2-3	250	50-75%	2-3
Fisch am Stück	800	75-100%	6-8	230	50-75%	6-8
Fischauflauf	1500	50-75%	10-15	220	50-75%	10-15
Fischgulasch	800	50-75%	10-15	220	50-75%	10-15
Fischsuppe	1000	50-75%	10-15	220	50-75%	10-15
Forelle	300	50-75%	3-5	220	50-75%	3-5
Karpfen	1200	50-75%	6-8	220	50-75%	10-12
Schleie	500	50--75%	5-6	220	50-75%	6-8

Produkt	Menge in g	Garzeit Mikrowelle		Garzeit Kombigerät		
		Lei-stung	Zeit/Min.	Grad	Lei-stung	Zeit/Min.

Fisch

Hecht	2000	50-75%	10-12	220	50-75%	10-15
Zander	4 × 250	50-75%	6-8	220	50-75%	8-10
Kabeljau	1000	50-75%	8-10	250	50-75%	8-10
Heilbutt	4 × 200	50-75%	6-8	220	50-75%	6-8
Lachs	4 × 250	50-75%	6-9	220	50-75%	6-9
Scholle	4 × 300	50-75%	6-10	220	50-75%	6-10
Seezunge	8 × 100	50-75%	6-8	220	50-75%	6-8
Goldbarsch	1500	50-75%	8-10	220	50-75%	8-10
Rotbarsch	200	75-100%	2-3	220	50-75%	2-3

Gemüse

Auberginen	1000	75-100%	12-15	220	50-75%	12-15
Blumenkohl	1000	75-100%	12-15	220	50-75%	12-15
Bohnen	800	75-100%	10-12	-	-	-
Brokkoli	1000	75-100%	12-15	220	50-75%	10-12
Chinakohl	1000	75-100%	5-8	220	50-75%	5 -8
Erbsen	500	75-100%	10-15	-	-	-
Fenchel	4 × 200	75-100%	10-12	-	-	-
Gurken	600	75-100%	8-10	220	50-75%	8-10
Grünkohl	1000	75-100%	12-15	-	-	-
Karotten	600	75-100%	10-12	220	50-75%	10-12
Kohlrabi	4 × 200	75-100%	10-15	220	50-75%	10-15
Lauch	500	75-100%	8-10	220	50-75%	8-10
Paprikaschoten	800	75-100%	10-12	220	50-75%	10-12
Pilze	500	75-100%	6-8	220	50-75%	6-8
Rosenkohl	1000	75-100%	12-15	220	50-75%	12-15
Rote Bete	1000	75-100%	12-15	220	50-75%	12-15
Rotkohl	800	75-100%	10-15	-	-	-
Schwarzwurzeln	600	75-100%	10-12	-	-	-
Sellerie	600	75-100%	10-12	-	-	-
Spargel	1000	75-100%	15-20	-	-	-
Spinat	750	75-100%	8-10	-	-	-
Weißkohl	800	75-100%	10-15	-	-	-
Zucchini	4 × 200	75-100%	8-10	220	50-75%	8-10

Beilagen

Kartoffeln, gekocht	250	75-100%	3-4	-	-	-
Kartoffeln, gekocht	1000	75-100%	10-12	-	-	-
Pellkartoffeln	1500	75-100%	18-20	-	-	-
Nudeln	200	50-75%	10-12	-	-	-
Reis	200	50-75%	10-12	-	-	-
Semmelknödel	4 Stück	50-75%	8-10	-	-	-
Kartoffelknödel	4 Stück	50-75%	8-10	-	-	-

Suppen und Eintöpfe

Brokkolicremesuppe

Zutaten für 4 Personen

500 g Brokkoliröschen
1 Zwiebel
2 EL Butter oder Margarine
1 Schuß Weißwein
150 ml Gemüsebrühe
Saft von ½ Zitrone
⅜ l Gemüsebrühe
75 g gekochter Schinken
1 EL Haferflocken
3 EL Crème fraîche
Salz
Pfeffer aus der Mühle
1 Prise Muskat
50 g Mandelblättchen

So wird's gemacht

1. Die Brokkoliröschen unter fließendem Wasser abwaschen, gut abtropfen lassen und in den Mikrowellen-RÖMERTOPF geben.
2. Die Zwiebel schälen, fein hacken und zum Brokkoli geben.
3. Die Butter oder Margarine in Flöckchen daraufsetzen, mit Weißwein und der Gemüsebrühe angießen und mit dem Zitronensaft beträufeln.
4. Den Mikrowellen-RÖMERTOPF verschließen und die Brokkoli bei 100 % Leistung 8–12 Minuten garen.
5. Nach Ende der Garzeit die Gemüsebrühe angießen und das Ganze im Mixer oder mit dem Pürierstab pürieren.
6. Den gekochten Schinken in feine Würfel schneiden, mit den Haferflocken und der Crème fraîche unter die Gemüsesuppe ziehen.
7. Den Mikrowellen-RÖMERTOPF verschließen und das Ganze bei 100 % Leistung 6–10 Minuten erhitzen.
8. Die Brokkolisuppe mit Salz, Pfeffer und Muskat kräftig würzen. Mit den Mandelblättchen bestreuen und servieren.
(Farbtafel 1, siehe Seite 32)
Gesamtgarzeit:
etwa 18 Minuten

23

Selleriesuppe à la Crème

Zutaten für 4 Personen

500 g Sellerie
Saft von 1 Zitrone
1 Zwiebel
2 EL Butter oder Margarine
1 Glas Sekt oder Champagner
$\frac{3}{8}$ l Gemüsebrühe
Salz
Pfeffer aus der Mühle
1 Prise Muskat
1 Prise Cayennepfeffer
einige Tropfen Worcestersoße
1 Prise Zucker
100 g Krabben- oder Crevettenfleisch
½ Becher Sahne
3 EL gehackter Kerbel

So wird's gemacht

1. Den Sellerie in Würfel schneiden, mit Zitronensaft beträufeln und in den Mikrowellen-RÖMERTOPF geben.
2. Die Zwiebel schälen, fein hacken und zum Sellerie geben.
3. Die Butter oder Margarine flöckchenweise auf das Gemüse setzen und mit dem Sekt oder Champagner angießen.
4. Den Mikrowellen-RÖMERTOPF verschließen und den Sellerie bei 100% Leistung 8–12 Minuten garen.
5. Das Gemüse mit der Gemüsebrühe im Mixer oder mit dem Pürierstab pürieren.
6. Mit Salz, Pfeffer, Muskat und Cayennepfeffer sowie Worcestersoße und Zucker kräftig würzen.
7. Die Krabben oder Crevetten unterrühren und die Sahne dazugeben.
8. Die Selleriesuppe im geschlossenen Mikrowellen-RÖMERTOPF bei 100% Leistung nochmals 6–10 Minuten erhitzen, abschmecken und mit dem gehackten Kerbel bestreut servieren.

**Gesamtgarzeit:
etwa 18 Minuten**

Fränkische Bierzwiebelsuppe

Zutaten für 4 Personen

75 g durchwachsener
geräucherter Speck
300 g Zwiebeln
300 g Lauch
1 Knoblauchzehe
1 TL Salz
1 Glas Bier
2 EL Tomatenmark
⅛ l Fleischbrühe
1 TL Majoran
1 TL Thymian
Salz
Pfeffer aus der Mühle
1 Prise Cayennepfeffer
1 EL Honig
2 EL Obstessig
4 EL Crème fraîche
1 Bund Schnittlauch

So wird's gemacht

1. Den in feine Würfel
geschnittenen Speck in den
Mikrowellen-RÖMERTOPF
geben.
2. Die Zwiebeln schälen und
in feine Ringe schneiden. Den
Lauch putzen, waschen und in
dünne Streifen schneiden.
Beides zum Speck geben.
3. Die Knoblauchzehe mit
Salz zerreiben und mit dem
Bier unter das Gemüse heben.
Den Mikrowellen-RÖMER-
TOPF verschließen und das
Gemüse bei 100% Leistung
8–12 Minuten garen.
4. Anschließend das Tomatenmark unterrühren und mit
der Fleischbrühe auffüllen.

5. Mit Majoran, Thymian,
Salz, Pfeffer und Cayennepfeffer kräftig würzen, mit
Honig und Obstessig aromatisieren.
6. Den Mikrowellen-
RÖMERTOPF verschließen
und die Suppe bei 100% Leistung 6–10 Minuten erhitzen.
7. Nach Ende der Garzeit die
Crème fraîche unterziehen,
nochmals abschmecken. Mit
frisch geschnittenem Schnittlauch bestreut servieren.
Gesamtgarzeit:
etwa 18 Minuten

Elsässer Sonntagstopf

Zutaten für 4 Personen

2 Schweinekoteletts
2 Hähnchenkeulen
4 Lammkoteletts
Salz
Pfeffer aus der Mühle
1 TL Thymian
1 TL Rosmarin
1 EL geriebene Schale einer unbehandelten Zitrone
1 Knoblauchzehe
1 TL Salz
2 EL Schweineschmalz
4 Karotten
4 kleine Zwiebeln
1 Stange Lauch
500 g kleine Kartoffeln
½ l Gemüsebrühe
1 Lorbeerblatt
einige Pfefferkörner
einige Pimentkörner
einige Kräuterzweige zum Garnieren

So wird's gemacht

1. Die Schweinekoteletts, die Hähnchenkeulen und die Lammkoteletts unter fließendem Wasser abwaschen und gut trockentupfen.
2. Das Fleisch mit Salz und Pfeffer kräftig würzen.
3. Den Thymian mit dem Rosmarin, der Zitronenschale und der mit Salz zerriebenen Knoblauchzehe vermischen und das Fleisch damit einreiben.
4. Das Schweineschmalz und das Fleisch in den Mikrowellen-RÖMERTOPF geben.

Den Topf verschließen und das Fleisch bei 100 % Leistung 8–10 Minuten garen.
5. Die Karotten schälen und grob würfeln. Die Zwiebeln schälen und vierteln.
6. Den Lauch putzen, waschen und in mundgerechte Stücke schneiden. Die Kartoffeln schälen und halbieren.
7. Das Gemüse mit der Gemüsebrühe zum Fleisch geben. Das Lorbeerblatt, die Pfefferkörner und die Pimentkörner dazugeben.
8. Den Mikrowellen-RÖMERTOPF verschließen und das Ganze bei 50 % Leistung 30–35 Minuten garen. Den Elsässer Sonntagstopf mit Kräuterzweigen garniert servieren.

**Gesamtgarzeit:
etwa 42 Minuten**

Kartoffeleintopf mit Lammfleisch

Zutaten für 4 Personen

500 g Lammfleisch
ohne Knochen

1 Knoblauchzehe

1 TL Salz

1 EL geriebene Schale
einer unbehandelten Zitrone

1 TL Thymian

1 TL Pfefferminze

Salz

Pfeffer aus der Mühle

2 EL Butterschmalz

1 Glas Weißwein

400 g Kartoffeln

250 g Karotten

250 g Zwiebeln

⅛ l Fleischbrühe

1 Lorbeerblatt

1 Prise Muskat

1 Prise Zucker

½ Bund Petersilie

So wird's gemacht

1. Das Lammfleisch unter fließendem Wasser abwaschen, trockentupfen und in mundgerechte Würfel schneiden.
2. Die Knoblauchzehe mit Salz zerreiben, mit der Zitronenschale, dem Thymian und der Pfefferminze unter das Fleisch mischen.
3. Das Fleisch mit Salz und Pfeffer kräftig würzen, das Butterschmalz und das Fleisch in den Mikrowellen-RÖMERTOPF geben.
4. Diesen verschließen und das Fleisch bei 100 % Leistung 8–10 Minuten garen.
5. Den Weißwein angießen, den Mikrowellen-RÖMERTOPF verschließen und das Fleisch bei 75 % Leistung 15–20 Minuten weitergaren.
6. Die Kartoffeln, die Karotten und die Zwiebeln schälen, in Würfel schneiden und zum Fleisch geben.
7. Das Lorbeerblatt dazugeben, mit Salz, Pfeffer, Muskat und Zucker kräftig würzen.
8. Den Mikrowellen-RÖMERTOPF verschließen und das Ganze bei 75 % Leistung weitere 20–25 Minuten garen.
9. Nach Ende der Garzeit den Kartoffeleintopf nochmals abschmecken und mit gehackter Petersilie bestreut servieren.

**Gesamtgarzeit:
etwa 49 Minuten**

Deftiger Wirsingtopf

Zutaten für 4 Personen

| 2 EL Butterschmalz |
| 100 g durchwachsener geräucherter Speck |
| 1 Zwiebel |
| 2 Karotten |
| 500 g Wirsing |
| 1 Schuß Weißwein |
| 150 ml Gemüsebrühe |
| 1 Becher Sahne |
| Salz |
| Pfeffer aus der Mühle |
| 1 Prise Muskat |
| 1 TL Kümmel |
| 1 Ring Fleischwurst |
| Speisestärke zum Binden |
| ½ Bund Schnittlauch |

So wird's gemacht

1. Das Schweineschmalz und den in kleine Würfel geschnittenen Speck in den Mikrowellen-RÖMERTOPF geben. Den Topf verschließen und den Speck bei 100 % Leistung 2–3 Minuten garen.
2. Die Zwiebel und die Karotten schälen, in feine Würfel schneiden und zum Speck geben.
3. Den Wirsing putzen, waschen, gut abtropfen lassen, in dünne Streifen schneiden und dazugeben.
4. Das Ganze mit Weißwein, der Gemüsebrühe und der Sahne vermischen.
5. Mit Salz, Pfeffer, Muskat und Kümmel würzen.
6. Den Mikrowellen-RÖMERTOPF verschließen und das Wirsinggemüse bei 100 % Leistung 10–15 Minuten garen.
7. Die Fleischwurst enthäuten, in Portionsstücke schneiden und zum Wirsing geben.
8. Den Mikrowellen-RÖMERTOPF verschließen und das Ganze bei 75 % Leistung 8–10 Minuten garen.
9. Speisestärke mit etwas Wasser anrühren und den Wirsingtopf leicht binden.
10. Den Wirsingtopf mit frisch geschnittenem Schnittlauch bestreut servieren.

Gesamtgarzeit: etwa 24 Minuten

Badischer Gemüsetopf

Zutaten für 4 Personen

2 EL Olivenöl

2 Hähnchenbrustfilets

Salz

Pfeffer aus der Mühle

1 TL Majoran

1 TL geriebene Schale
einer unbehandelten Zitrone

1 Zwiebel

150 g Blumenkohlröschen
(TK-Produkt)

150 g Erbsen (TK-Produkt)

150 g Karotten (TK-Produkt)

150 g grüne Bohnen
(TK-Produkt)

1 Glas Weißwein

1 Lorbeerblatt

1 Zweig Rosmarin

1 Prise Muskat

1 Prise Cayennepfeffer

1 Prise Zucker

1 l Gemüsebrühe

1 P. Instant Kartoffelpüree-
flocken

1 Schuß Sahne

einige Tropfen Zitronensaft

einige Tropfen Worcestersoße

3–4 EL geschnittener
Schnittlauch

So wird's gemacht

1. Das Olivenöl in einen
Mikrowellen-RÖMERTOPF
geben.

2. Die Hähnchenbrustfilets
unter fließendem Wasser abwaschen, trockentupfen und
in feine Würfel schneiden.
Mit Salz, Pfeffer, Majoran
und der Zitronenschale kräftig würzen und zum Öl geben.

3. Den Mikrowellen-
RÖMERTOPF verschließen
und das Fleisch bei 100 % Leistung 6–10 Minuten garen.

4. Die Zwiebeln schälen, in
feine Würfel schneiden und
mit den Blumenkohlröschen,
Erbsen, Karotten und Bohnen
zum Fleisch geben.

5. Den Weißwein angießen,
das Lorbeerblatt und den
Rosmarin dazugeben und das
Ganze mit Muskat, Cayenne-
pfeffer, Zucker, Salz und
Pfeffer würzen.

6. Den Mikrowellen-
RÖMERTOPF verschließen
und das Ganze bei 100 % Leistung 10–15 Minuten weitergaren.

7. Die Gemüsebrühe angießen
und das Ganze im geschlossenen Topf bei 100 % Leistung
6–10 Minuten erhitzen.

8. Nach Ende der Garzeit den
Gemüsetopf mit Kartoffel-
püreeflocken binden und
nochmals erhitzen.

9. Mit Sahne verfeinern, mit
Zitronensaft und Worcestersoße sowie Salz und Pfeffer
abschmecken.

10. Den Badischen Gemüsetopf mit Schnittlauch bestreut
servieren.

**Gesamtgarzeit:
etwa 29 Minuten**

Westfälischer Sauerkrauttopf

Zutaten für 4 Personen

2 EL Schweineschmalz
400 g mageres Schweinefleisch
Salz
Pfeffer aus der Mühle
1 TL Kümmel
1 TL Majoran
1 TL geriebene Schale
einer unbehandelten Zitrone
250 g Kartoffeln
1 Zwiebel
1 Karotte
1 Stück Lauch
1 Lorbeerblatt
einige Wacholderbeeren
150 ml Fleischbrühe
1 kleine Dose Sauerkraut
150 ml Fleischbrühe
1 Prise Zucker
1 Becher saure Sahne
1 Bund Schnittlauch

So wird's gemacht

1. Das Schweineschmalz in einen Mikrowellen-RÖMERTOPF geben.
2. Das Schweinefleisch unter fließendem Wasser abwaschen, trockentupfen und in feine Würfel schneiden.
3. Das Fleisch mit Salz, Pfeffer, Kümmel, Majoran und der Zitronenschale kräftig würzen, ins Schmalz geben und im geschlossenen Mikrowellen-RÖMERTOPF bei 100 % Leistung 10–12 Minuten garen.
4. In der Zwischenzeit die Kartoffeln schälen und in Würfel schneiden.
5. Die Zwiebel und die Karotte schälen und fein würfeln. Den Lauch putzen, waschen und in feine Würfel schneiden. Das Gemüse mit dem Lorbeerblatt, den Wacholderbeeren und der Fleischbrühe zum Fleisch geben.
6. Den RÖMERTOPF verschließen und das Ganze bei 100 % Leistung 10–15 Minuten garen.
7. Das Sauerkraut und die restliche Fleischbrühe dazugeben und unterrühren.
8. Den Mikrowellen-RÖMERTOPF erneut verschließen und das Ganze bei 75 % Leistung 10–15 Minuten garen.
9. Nach Ende der Garzeit den Sauerkrauttopf mit Salz, Pfeffer und Zucker abschmecken.
10. Die saure Sahne unterziehen. Das Ganze mit frisch geschnittenem Schnittlauch bestreut servieren.

**Gesamtgarzeit:
etwa 36 Minuten**

Chinesischer Reistopf

Zutaten für 4 Personen

2 EL Butter oder Margarine
1 Zwiebel
2 Karotten
1 Stück Lauch
½ rote Paprikaschote
½ grüne Paprikaschote
100 g Sojabohnenkeimlinge
100 g Bambussprossen
50 g eingeweichte chinesische Pilze
150 ml Weißwein
½ l Gemüsebrühe
300 g Reis
Salz
Pfeffer aus der Mühle
1 EL Fünfgewürzpulver
1 Lorbeerblatt
100 g Krabben oder Crevetten
100 g gekochter Schinken
2 EL Obstessig
1 EL Honig
4 EL Sojasoße

So wird's gemacht

1. Die Butter oder Margarine in den Mikrowellen-RÖMERTOPF geben.
2. Die Zwiebel und die Karotten schälen und fein würfeln. Den Lauch putzen, waschen und in feine Würfel schneiden. Die Paprikaschoten waschen, putzen, entkernen und ebenfalls in feine Würfel schneiden.
3. Die Sojabohnenkeimlinge unter fließendem Wasser abwaschen und gut abtropfen lassen.
4. Die Bambussprossen mit dem Gemüse, den in feine Streifen geschnittenen Pilzen und dem Weißwein in den Mikrowellen-RÖMERTOPF geben und im geschlossenen Topf bei 100 % Leistung 4–6 Minuten garen.
5. Die Gemüsebrühe angießen, den Mikrowellen-RÖMERTOPF verschließen. Das Ganze bei 100 % Leistung 4–6 Minuten erhitzen.
6. Den Reis unter fließendem Wasser abwaschen und unter das Gemüse rühren.
7. Mit Salz, Pfeffer, Gewürzpulver und dem Lorbeerblatt würzen.
8. Den Mikrowellen-RÖMERTOPF verschließen und das Ganze bei 50 % Leistung 15–20 Minuten garen.
9. Die Krabben oder Crevetten unter fließendem Wasser abwaschen, trockentupfen und mit dem fein gewürfelten Schinken unter den Reis heben und gut mischen.
10. Das Ganze mit Obstessig, Honig und Sojasoße würzen.
11. Den Mikrowellen-RÖMERTOPF verschließen und das Ganze bei 100 % Leistung nochmals 6–8 Minuten erhitzen.

**Gesamtgarzeit:
etwa 34 Minuten**

Weißkrauttopf mit Würstel

Zutaten für 4 Personen

1 Zwiebel

1 Karotte

1 Stück Lauch

500 g Weißkraut

2 EL Schweineschmalz

150 ml Gemüsebrühe

1 Lorbeerblatt

1 TL Kümmel

1 TL Bohnenkraut

Salz

Pfeffer aus der Mühle

2 Paar Debrecziner Würstchen

1 kleine Dose weiße Bohnen

1 kleine Dose geschälte Tomaten

2 EL Tomatenmark

einige Tropfen Zitronensaft

einige Tropfen Worcestersoße

einige Tropfen Obstessig

1 Prise Zucker

1 Bund Schnittlauch

So wird's gemacht

1. Die Zwiebel und die Karotte schälen und fein würfeln. Den Lauch putzen, waschen und in feine Würfel schneiden.

2. Das Weißkraut verlesen, waschen, gut abtropfen lassen und in dünne Streifen schneiden.

3. Das Gemüse mit dem Schweineschmalz und der Gemüsebrühe in den Mikrowellen-RÖMERTOPF geben.

4. Das Lorbeerblatt, den Kümmel und das Bohnenkraut dazugeben, mit Salz und Pfeffer würzen. Den Mikrowellen-RÖMERTOPF verschließen und das Gemüse bei 100 % Leistung 10–15 Minuten garen.

5. Nach Ende der Garzeit die in Scheiben geschnittenen Debrecziner unter das Gemüse heben. Die weißen Bohnen und die geschälten Tomaten unterrühren.

6. Das Tomatenmark unterrühren, mit Zitronensaft, Worcestersoße, Obstessig, Salz, Pfeffer und Zucker kräftig würzen.

7. Den Mikrowellen-RÖMERTOPF verschließen und das Ganze bei 100 % Leistung 8–12 Minuten erhitzen.

8. Den Weißkrauttopf nochmals abschmecken und mit frisch geschnittenem Schnittlauch bestreut servieren.

**Gesamtgarzeit:
etwa 23 Minuten**

Farbtafel 1
»Brokkolicremesuppe«
(Rezept Seite 23)

Kohlrabitopf mit Pilzen

Zutaten für 4 Personen

2 Hähnchenbrustfilets
Salz
Pfeffer aus der Mühle
1 TL Thymian
1 Glas Weißwein
1 Zwiebel
400 g Kohlrabistifte (TK-Produkt)
⅜ l Gemüsebrühe
1 kleine Dose Mischpilze
150 ml Sahne
1½ EL Speisestärke
Salz
Pfeffer aus der Mühle
1 Prise Muskat
Saft von ½ Zitrone
einige Tropfen Worcestersoße
½ Bund Petersilie

So wird's gemacht

1. Die Hähnchenbrustfilets unter fließendem Wasser abwaschen, in kleine Würfel schneiden, mit Salz, Pfeffer und Thymian kräftig würzen.
2. Die Hähnchenbrustfilets mit dem Weißwein in den Mikrowellen-RÖMERTOPF geben und im geschlossenen Topf bei 100 % Leistung 8–12 Minuten garen.
3. In der Zwischenzeit die Zwiebeln schälen und fein würfeln. Anschließend mit den Kohlrabistiften unter das Fleisch heben und das Ganze bei 100 % Leistung 8–12 Minuten garen.
4. Die Gemüsebrühe angießen, die Mischpilze gut abtropfen lassen und ebenfalls dazugeben.
5. Die Sahne und die Speisestärke anrühren und unter den Kohlrabitopf rühren.
6. Das Ganze mit Salz, Pfeffer, Muskat, Zitronensaft und Worcestersoße würzen. Den Mikrowellen-RÖMERTOPF verschließen und das Ganze bei 100 % Leistung weitere 6–10 Minuten garen.
7. Den Kohlrabitopf mit fein gehackter Petersilie bestreut servieren.

**Gesamtgarzeit:
etwa 28 Minuten**

Farbtafel 2
»Schinkenbohnen« und »Butterkarotten mit Estragon«
(Rezepte Seite 36 und 37)

Linsengemüse mit Kasseler

Zutaten für 4 Personen

einige Pfefferkörner

einige Pimentkörner

1 Lorbeerblatt

500 g Kasseler ohne Knochen

2 EL Butterschmalz

1 Schuß Weißwein

1 Zwiebel

1 Karotte

1 Stück Lauch

1 große Dose Linsengemüse

150 ml gebundene Bratensoße

2–3 EL Weinessig

Salz

Pfeffer aus der Mühle

1 Prise Zucker

2–3 EL Crème fraîche

1 Bund Schnittlauch

So wird's gemacht

1. Die Pfefferkörner, die Pimentkörner und das Lorbeerblatt im Mörser zerreiben und das Kasseler damit würzen.
2. Das Butterschmalz in den Mikrowellen-RÖMERTOPF geben, das Kasseler einsetzen und den Weißwein angießen.
3. Die Zwiebel und die Karotte schälen, fein würfeln. Den Lauch putzen, waschen und in kleine Würfel schneiden. Das Gemüse zum Kasseler geben.
4. Den Mikrowellen-RÖMERTOPF verschließen und das Ganze bei 100 % Leistung 8–12 Minuten garen.
5. Das Linsengemüse mit der Bratensoße und dem Weinessig zum Kasseler geben. Mit Salz, Pfeffer und Zucker kräftig würzen und die Crème fraîche unterziehen.
6. Den Mikrowellen-RÖMERTOPF verschließen und das Ganze bei 100 % Leistung nochmals 6–10 Minuten erhitzen.
7. Das Kasseler in Scheiben schneiden, anrichten, mit dem Linsengemüse überziehen und mit frisch geschnittenem Schnittlauch bestreut servieren.

**Gesamtgarzeit:
etwa 18 Minuten**

Kartoffelgulasch mit Fleischwurst

Zutaten für 4 Personen

1 Zwiebel
1 Karotte
1 kleine Stange Lauch
1 rote Paprikaschote
1 grüne Paprikaschote
500 g Kartoffeln
1 Lorbeerblatt
1 EL Majoran
1 Glas Weißwein
Salz
Pfeffer aus der Mühle
2 Knoblauchzehen
1 TL Salz
2 EL Tomatenmark
400 g Lyoner Fleischwurst
150 ml Tomatensaft
½ l gebundene Bratensoße
1 EL Paprikapulver
1 TL Curry
1 Becher saure Sahne
1 Bund Schnittlauch

So wird's gemacht

1. Die Zwiebel und die Karotte schälen, in mundgerechte Würfel schneiden. Den Lauch und die Paprikaschoten putzen, waschen und ebenfalls in Würfel schneiden.
2. Die Kartoffeln schälen und ebenfalls würfeln.
3. Das Gemüse mit dem Lorbeerblatt, dem Majoran und dem Weißwein in den Mikrowellen-RÖMERTOPF geben, mit Salz und Pfeffer würzen und die mit Salz zerriebenen Knoblauchzehen unterrühren.
4. Den Mikrowellen-RÖMERTOPF verschließen und das Gemüse bei 100 % Leistung 10–15 Minuten garen.
5. Das Tomatenmark unterrühren und die enthäutete und in Würfel geschnittene Fleischwurst dazugeben.
6. Den Tomatensaft und die Bratensoße angießen, mit Paprika, Curry, Salz und Pfeffer würzen.
7. Den Mikrowellen-RÖMERTOPF verschließen und das Ganze bei 75 % Leistung 10–15 Minuten weitergaren.
8. Nach Ende der Garzeit die saure Sahne unterziehen, nochmals abschmecken und mit frisch geschnittenem Schnittlauch bestreut servieren.

**Gesamtgarzeit:
etwa 25 Minuten**

Gemüsebeilagen

Schinkenbohnen

Zutaten für 4 Personen

600 g frische Bohnen
2 EL Butter oder Margarine
1 Zwiebel
1 Schuß Weißwein
150 ml Gemüsebrühe
½ TL Bohnenkraut
Salz
Pfeffer aus der Mühle
1 Prise Muskat
1 Prise Cayennepfeffer
100 g gekochter Schinken
2 Tomaten
2–3 EL geschnittener Schnittlauch

So wird's gemacht

1. Die Bohnen verlesen, waschen, putzen und mit der Butter oder Margarine in den Mikrowellen-RÖMERTOPF geben.
2. Die Zwiebeln schälen, fein hacken, über die Bohnen streuen.
3. Mit Weißwein und der Gemüsebrühe angießen. Mit Bohnenkraut, Salz, Pfeffer, Muskat und Cayennepfeffer würzen.
4. Den Mikrowellen-RÖMERTOPF verschließen und die Bohnen bei 100 % Leistung 8–12 Minuten garen.
5. Anschließend den in Streifen geschnittenen Schinken unter die Bohnen heben.
6. Die Tomaten enthäuten, entkernen, in Streifen schneiden und ebenfalls unter das Gemüse heben.
7. Den Mikrowellen-RÖMERTOPF verschließen und das Ganze bei 100 % Leistung nochmals 5–8 Minuten erhitzen.
8. Das Bohnengemüse abschmecken und mit frisch geschnittenem Schnittlauch bestreut servieren.
(Farbtafel 2, siehe Seite 33)
**Gesamtgarzeit:
etwa 17 Minuten**

Schinkenerbsen

Zutaten für 4 Personen

2 EL Butter oder Margarine
75 g gekochter Schinken
600 g grüne Erbsen
(TK-Produkt)
1 Zwiebel
150 ml Gemüsebrühe
Salz
weißer Pfeffer aus der Mühle
1 Prise Muskat
1 Prise Zucker
½ Bund Petersilie

So wird's gemacht
1. Die Butter oder Margarine
mit dem in feine Würfel geschnittenen Schinken in den
Mikrowellen-RÖMERTOPF
geben.
2. Die Erbsen zum Schinken
geben und unterrühren.
3. Die Zwiebel schälen, in
feine Würfel schneiden und
zu den Erbsen geben.
4. Die Gemüsebrühe angie-
ßen, mit Salz, Pfeffer, Muskat
und Zucker kräftig würzen.
5. Den Mikrowellen-
RÖMERTOPF verschließen
und die Erbsen bei 100 % Leistung 6–10 Minuten garen.
6. Nach Ende der Garzeit die
Schinkenerbsen nochmals
kräftig abschmecken. Die gehackte Petersilie unterziehen
und das Gemüse servieren.
Gesamtgarzeit:
etwa 8 Minuten

Butterkarotten mit Estragon

Zutaten für 4 Personen

800 g Karotten
2 EL Butter oder Margarine
150 ml Gemüsebrühe
Salz
weißer Pfeffer aus der Mühle
1 Prise Muskat
1 Prise Zucker
½ Bund Estragon

So wird's gemacht
1. Die Karotten schälen und
in feine Scheiben schneiden.
2. Die Karotten in den Mikrowellen-RÖMERTOPF
geben. Die Butter oder Margarine in Flöckchen daraufsetzen und die Gemüsebrühe
angießen.
3. Mit Salz, Pfeffer, Muskat
und Zucker kräftig würzen,
den Mikrowellen-RÖMER-
TOPF verschließen und die
Karotten bei 100 % Leistung
10–15 Minuten garen.
4. Nach Ende der Garzeit die
Karotten nochmals
abschmecken, den verlesenen,
gewaschenen und fein
geschnittenen Estragon unterziehen und die Butterkarotten
servieren.
(Farbtafel 2, siehe Seite 33)
Gesamtgarzeit:
etwa 13 Minuten

Paprikagemüse

Zutaten für 4 Personen

2 EL Olivenöl
2 Zwiebeln
2 rote Paprikaschoten
2 grüne Paprikaschoten
1 Knoblauchzehe
1 TL Salz
½ TL Kräuter der Provence
150 ml Gemüsebrühe
2 Tomaten
Salz
Pfeffer aus der Mühle
1 Prise Cayennepfeffer
1 Prise Zucker
½ Bund Schnittlauch

So wird's gemacht

1. Das Olivenöl mit den geschälten und in Würfel geschnittenen Zwiebeln in den Mikrowellen-RÖMERTOPF geben.
2. Die Paprikaschoten halbieren, entkernen, unter fließendem Wasser abwaschen, gut abtropfen lassen und in Würfel schneiden. Die Paprikawürfel zu den Zwiebeln geben.
3. Die Knoblauchzehe schälen, fein hacken, mit Salz zerreiben und mit den Kräutern der Provence unter das Gemüse mischen.
4. Die Gemüsebrühe angießen, den Mikrowellen-RÖMERTOPF verschließen und das Gemüse bei 100 % Leistung 12–16 Minuten garen.

5. In der Zwischenzeit die Tomaten enthäuten, entkernen, in Würfel schneiden und anschließend unter das Paprikagemüse ziehen.
6. Mit Salz, Pfeffer, Cayennepfeffer und Zucker kräftig würzen und im geschlossenen Mikrowellen-RÖMERTOPF bei 100 % Leistung weitere 6–8 Minuten garen.
7. Das Paprikagemüse nochmals abschmecken und mit dem verlesenen, gewaschenen und frisch geschnittenen Schnittlauch bestreut servieren.
(Farbtafel 3, siehe Seite 48)
Gesamtgarzeit: etwa 21 Minuten

Weißkraut mit Speck

Zutaten für 4 Personen

2 EL Butterschmalz
1 Zwiebel
75 g durchwachsener geräucherter Speck
600 g Weißkraut
Salz
Pfeffer aus der Mühle
1 Prise Zucker
1 TL Kümmel
1 Prise Cayennepfeffer
150 ml Gemüsebrühe
1 Lorbeerblatt
½ Bund Schnittlauch

So wird's gemacht

1. Das Butterschmalz mit der geschälten und in feine Würfel geschnittenen Zwiebel in den Mikrowellen-RÖMER-TOPF geben.
2. Den Speck in feine Würfel schneiden und zur Zwiebel geben.
3. Den Mikrowellen-RÖMERTOPF verschließen und den Speck und die Zwiebel bei 100 % Leistung 3–4 Minuten vorgaren.
4. Das Weißkraut in feine Streifen schneiden, unter fließendem Wasser abwaschen, gut abtropfen lassen und zum Speck geben.
5. Mit Salz, Pfeffer und Zucker würzen und den Kümmel unterrühren.
6. Mit Cayennepfeffer aromatisieren, die Gemüsebrühe angießen und das Lorbeerblatt dazugeben.
7. Den Mikrowellen-RÖMERTOPF verschließen und das Ganze bei 100 % Leistung 12–16 Minuten weitergaren.
8. Nach Ende der Garzeit das Weißkraut nochmals abschmecken, den verlesenen und fein geschnittenen Schnittlauch unterziehen und servieren.
(Farbtafel 3, siehe Seite 48)
**Gesamtgarzeit:
etwa 17 Minuten**

Blaukraut mit Äpfeln

Zutaten für 4 Personen

2 EL Butter oder Margarine
1 Zwiebel
1 säuerlicher Apfel
600 g Rotkraut
1 Lorbeerblatt
einige Nelken
einige Pfefferkörner
einige Wacholderbeeren
1 Zimtstange
Salz
Pfeffer aus der Mühle
1 Prise Zucker
150 ml Gemüsebrühe
einige Tropfen Weinessig
einige Tropfen Zitronensaft
2–3 EL Crème fraîche
½ Bund Schnittlauch

So wird's gemacht

1. Die Butter oder Margarine mit der geschälten und in feine Würfel geschnittenen Zwiebel in den Mikrowellen-RÖMERTOPF geben.
2. Den Apfel schälen, das Kerngehäuse entfernen, den Apfel in feine Würfel schneiden und zur Zwiebel geben.
3. Das Rotkraut putzen, in feine Streifen schneiden, unter fließendem Wasser abwaschen, gut abtropfen lassen und in den Mikrowellen-RÖMERTOPF geben.
4. Das Lorbeerblatt, die Nelken, die Pfefferkörner, die Wacholderbeeren und die Zimtstange untermischen.
5. Mit Salz, Pfeffer und Zucker würzen, die Gemüsebrühe angießen.
6. Den Mikrowellen-RÖMERTOPF verschließen und das Ganze bei 100 % Leistung 12–16 Minuten garen.
7. Nach Ende der Garzeit das Rotkraut nochmals kräftig abschmecken. Mit Weinessig, Zitronensaft und Crème fraîche verfeinern.
8. Das Rotkraut mit dem verlesenen, gewaschenen und fein geschnittenen Schnittlauch bestreut servieren.
Gesamtgarzeit: etwa 14 Minuten

Blumenkohl mit Käsehaube

Zutaten für 4 Personen

1 mittelgroßer Blumenkohl

Salz

Pfeffer aus der Mühle

1 Prise Muskat

150 ml Gemüsebrühe

2 EL Butter oder Margarine

einige Tropfen Zitronensaft

200 g geriebener
Emmentaler Käse

½ Bund Petersilie

So wird's gemacht

1. Den Blumenkohl in
8 Stücke teilen und die dicke-
ren Strünke abschneiden.
2. Die Blumenkohlstücke
unter fließendem Wasser
abwaschen und gut abtropfen
lassen.
3. Den Blumenkohl in den
Mikrowellen-RÖMERTOPF
geben, mit Salz, Pfeffer und
Muskat würzen.
4. Die Gemüsebrühe angie-
ßen, die Butter oder Margarine in Flöckchen darauf-
setzen und das Ganze mit
Zitronensaft beträufeln.
5. Den Mikrowellen-
RÖMERTOPF verschließen
und den Blumenkohl bei
100 % Leistung 10–15 Minuten garen.
6. Anschließend den Blumenkohl mit dem geriebenen Käse
bestreuen und das Ganze im
geschlossenen Mikrowellen-
RÖMERTOPF bei 100 %

Leistung weitere 5–8 Minuten
garen.
7. Den Blumenkohl mit der
fein gehackten Petersilie
bestreuen und servieren.
**Gesamtgarzeit:
etwa 19 Minuten**

Sahnekartoffeln

Zutaten für 4 Personen

600 g Kartoffeln
1 Zwiebel
1 Schuß Weißwein
150 ml Gemüsebrühe
2 EL Butter oder Margarine
Salz
Pfeffer aus der Mühle
1 Prise Muskat
1 Msp. Kümmel
1 Prise Cayennepfeffer
1 Becher Sahne
1 EL Speisestärke
½ Bund Petersilie

So wird's gemacht

1. Die Kartoffeln schälen, in Scheiben schneiden und in den Mikrowellen-RÖMER-TOPF geben.
2. Die Zwiebel schälen, fein hacken und über die Kartoffeln streuen.
3. Den Weißwein und die Gemüsebrühe angießen und die Butter oder Margarine in Flöckchen daraufsetzen. Kräftig würzen.
4. Den Mikrowellen-RÖMERTOPF verschließen, die Kartoffeln bei 100 % Leistung 10–15 Minuten garen.
5. Die Sahne und die Speisestärke miteinander verrühren. Die fein gehackte Petersilie unterziehen, die Sahne kräftig abschmecken und über die Kartoffeln verteilen.
6. Den Mikrowellen-RÖMERTOPF verschließen und die Sahnekartoffeln bei 100 % Leistung nochmals 5–8 Minuten erhitzen.
Gesamtgarzeit: etwa 19 Minuten

Pellkartoffeln

Zutaten für 4 Personen

600 g frische Kartoffeln
1 EL Kümmel
1 EL Salz
1 Lorbeerblatt
1 Zweig Thymian
1 Zweig Rosmarin
1 Schuß Weißwein
150 ml Gemüsebrühe

So wird's gemacht

1. Die Kartoffeln unter fließendem Wasser kräftig abbürsten und gut säubern.
2. Mit einer Gabel die Kartoffeln mehrmals einstechen und in den Mikrowellen-RÖMERTOPF geben.
3. Den Kümmel, das Salz, das Lorbeerblatt, den Thymian- und den Rosmarinzweig dazugeben.
4. Den Weißwein und die Gemüsebrühe angießen.
5. Den Mikrowellen-RÖMERTOPF verschließen und die Kartoffeln bei 100 % Leistung 10–15 Minuten garen, und servieren.
Gesamtgarzeit: etwa 13 Minuten

Feines Gurkengemüse

Zutaten für 4 Personen

1 Zwiebel
1 Salatgurke
2 EL Butter oder Margarine
½ Glas Weißwein
1 Becher Sahne
1½ EL Speisestärke
Salz
Pfeffer aus der Mühle
1 Prise Cayennepfeffer
1 Prise Zucker
½ Bund Dill

So wird's gemacht

1. Die Zwiebel schälen, in feine Würfel schneiden.
2. Die Salatgurke putzen, waschen, halbieren und die Kerne herauslösen. Die Gurke in zentimeterdicke Scheiben schneiden.
3. Die Zwiebeln und die Salatgurke mit der Butter oder Margarine in den Mikrowellen-RÖMERTOPF geben.
4. Den Weißwein angießen, den Mikrowellen-RÖMERTOPF verschließen und das Gemüse bei 100 % Leistung 8–12 Minuten garen.
5. Die Sahne mit der Speisestärke anrühren und zum Gurkengemüse geben.
6. Mit Salz, Pfeffer, Cayennepfeffer und Zucker kräftig würzen und das Ganze im geschlossenen Mikrowellen-RÖMERTOPF bei 100 % Leistung 5–6 Minuten zum Kochen bringen.
7. Das Gemüse nochmals abschmecken. Den feingeschnittenen Dill unterziehen und das Gurkengemüse servieren.

**Gesamtgarzeit:
etwa 15 Minuten**

Zucchinigemüse mit Pilzen

Zutaten für 4 Personen

2 EL Butter oder Margarine
1 Zwiebel
2 mittelgroße Zucchini
1 Knoblauchzehe
1 TL Salz
200 g Champignons
einige Tropfen Zitronensaft
1 Dose geschälte Tomaten
1 TL Oregano
1 Prise Cayennepfeffer
1 Prise Zucker
Pfeffer aus der Mühle
½ Bund Basilikum

So wird's gemacht

1. Die Butter oder Margarine mit der geschälten und in feine Würfel geschnittenen Zwiebel in den Mikrowellen-RÖMERTOPF geben.

2. Die Zucchini putzen, waschen, gut abtropfen lassen, in Würfel schneiden und zur Zwiebel geben.

3. Die mit Salz zerriebene Knoblauchzehe unterziehen. Den Mikrowellen-RÖMER-TOPF verschließen und die Zucchini bei 100 % Leistung 8–12 Minuten garen.

4. Die verlesenen, gewaschenen und gut abgetropften Champignons halbieren und mit Zitronensaft beträufeln.

5. Die Champignons unter das Zucchinigemüse ziehen. Die geschälten Tomaten mit einer Gabel zerdrücken und ebenfalls unterrühren.

6. Mit Oregano, Cayennepfeffer, Zucker, Salz und Pfeffer würzen.

7. Den Mikrowellen-RÖMERTOPF verschließen und das Ganze bei 100 % Leistung weitere 6–10 Minuten garen.

8. Das Zucchinigemüse nochmals abschmecken. Das feingeschnittene Basilikum unterheben und das Gemüse servieren.

**Gesamtgarzeit:
etwa 18 Minuten**

44

Fenchel aus dem Topf

Zutaten für 4 Personen

4 mittelgroße Fenchelknollen
1 Zwiebel
1 Schuß Weißwein
150 ml Gemüsebrühe
1 Lorbeerblatt
1 Zweig Thymian
2 EL Butter oder Margarine
1 Becher Joghurt
1 Becher Sahne
125 g geriebener Emmentaler
100 g gekochter Schinken
2 EL gehackte Petersilie
Salz
Pfeffer aus der Mühle
1 Prise Muskat
1 Bund Schnittlauch

So wird's gemacht

1. Die Fenchelknollen putzen, waschen, halbieren und in den Mikrowellen-RÖMERTOPF geben.
2. Die Zwiebel schälen und fein hacken. Darüberstreuen, den Weißwein und die Gemüsebrühe angießen.
3. Das Lorbeerblatt und den Thymian sowie die Butter oder Margarine dazugeben, den Mikrowellen-RÖMER-TOPF verschließen und den Fenchel bei 100 % Leistung 10–12 Minunten garen.
4. In der Zwischenzeit den Joghurt, die Sahne, den Emmentaler, den fein gewürfelten Schinken und die Petersilie miteinander vermischen.
5. Das Ganze mit Salz, Pfeffer und Muskat kräftig würzen und anschließend über den Fenchel verteilen.
6. Den Mikrowellen-RÖMERTOPF verschließen und den Fenchel bei 100% Leistung 6–10 Minuten weitergaren.
7. Den Fenchel mit frisch geschnittenem Schnittlauch bestreut servieren.
**Gesamtgarzeit:
etwa 19 Minuten**

Brokkoligemüse

Zutaten für 4 Personen

2 EL Butter oder Margarine
1 Zwiebel
600 g Brokkoliröschen
1 Knoblauchzehe
1 TL Salz
150 ml Gemüsebrühe
4 Tomaten
Salz
Pfeffer aus der Mühle
1 Prise Cayennepfeffer
1 Prise Zucker
2 hart gekochte Eier
½ Bund Petersilie

So wird's gemacht

1. Die Butter oder Margarine mit der geschälten und in feine Würfel geschnittenen Zwiebel in den Mikrowellen-RÖMERTOPF geben.
2. Die Brokkoliröschen unter fließendem Wasser abwaschen, gut abtropfen lassen, putzen und zu den Zwiebeln geben.
3. Die mit Salz zerriebene Knoblauchzehe unterheben und die Gemüsebrühe angießen.
4. Den Mikrowellen-RÖMERTOPF verschließen und das Gemüse bei 100% Leistung 12–16 Minuten garen.
5. In der Zwischenzeit die Tomaten enthäuten, entkernen, in Würfel schneiden und unter die Brokkoli ziehen.
6. Das Brokkoligemüse mit Salz, Pfeffer, Cayennepfeffer und Zucker kräftig würzen und das Ganze im geschlossenen Mikrowellen-RÖMERTOPF bei 100% Leistung 4–6 Minuten erhitzen.
7. Die Eier schälen, fein hakken, mit der verlesenen, gewaschenen und fein gehackten Petersilie vermischen.
8. Das Brokkoligemüse mit den Eiern und der Petersilie bestreuen und servieren.
Gesamtgarzeit:
etwa 19 Minuten

Zucchinigemüse mit Tomaten

Zutaten für 4 Personen

2 mittelgroße Zucchini

1 Zwiebel

2 Knoblauchzehen

1 TL Salz

Salz

Pfeffer aus der Mühle

2 EL Butter oder Margarine

1 Schuß Weißwein

150 ml Gemüsebrühe

4 Tomaten

1 TL Basilikum

2–3 EL gehackte Pfefferminze

1 Prise Zucker

So wird's gemacht

1. Die Zucchini waschen, putzen, in Würfel schneiden und in den Mikrowellen-RÖMERTOPF geben.

2. Die Zwiebel schälen, fein hacken und mit den mit Salz zerriebenen Knoblauchzehen unter das Gemüse mischen.

3. Mit Salz und Pfeffer kräftig würzen. Die Butter oder Margarine dazugeben, Weißwein und Gemüsebrühe angießen.

4. Den Mikrowellen-RÖMERTOPF verschließen und die Zucchini bei 100 % Leistung 8–12 Minuten garen.

5. Die Tomaten enthäuten, entkernen, in Würfel schneiden und unter das Zucchinigemüse heben.

6. Mit Basilikum, Salz, Pfeffer, der Pfefferminze und dem Zucker würzen.

7. Den Mikrowellen-RÖMERTOPF verschließen und das Ganze bei 100 % Leistung nochmals 5–8 Minuten erhitzen. Das Zucchinigemüse servieren.

Gesamtgarzeit: etwa 17 Minuten

Rote-Bete-Gemüse

Zutaten für 4 Personen

600 g rote Bete

1 Zwiebel

2 EL Butter oder Margarine

1 Schuß Weinessig

150 ml Gemüsebrühe

1 Lorbeerblatt

1 TL Kümmel

2 Essiggurken

1 Röhrchen Kapern

Salz

Pfeffer aus der Mühle

1 Prise Muskat

1 Prise Cayennepfeffer

1 Prise Zucker

2–3 EL gehackte Petersilie

So wird's gemacht

1. Die rote Bete schälen, in feine Würfel oder Streifen schneiden und in den Mikrowellen-RÖMERTOPF geben.

2. Die Zwiebel schälen, fein hacken und über die rote Bete streuen.

3. Die Butter oder Margarine daraufsetzen, mit einem Schuß Weißwein beträufeln und die Gemüsebrühe angießen.

4. Das Lorbeerblatt und den Kümmel dazugeben, den Mikrowellen-RÖMERTOPF verschließen und das Gemüse bei 100 % Leistung 8–12 Minuten garen.

5. Die Essiggurken in feine Würfel schneiden, die Kapern gut abtropfen lassen und beides unter die rote Bete ziehen.

6. Das Gemüse mit Salz, Pfeffer, Muskat, Cayennepfeffer und Zucker kräftig würzen. Den Mikrowellen-RÖMER-TOPF verschließen und das Rote-Bete-Gemüse bei 100 % Leistung nochmals 5–8 Minuten erhitzen.

7. Das Gemüse abschmecken und mit Petersilie bestreut servieren.

**Gesamtgarzeit:
etwa 17 Minuten**

Farbtafel 3
»Paprikagemüse« und
»Weißkraut mit Speck«
(Rezepte Seite 38 und 39)

Feines Waldpilzragout

Zutaten für 4 Personen

2 EL Butter oder Margarine

100 g durchwachsener geräucherter Speck

1 Zwiebel

1 Stück Lauch

200 g Maronenröhrlinge

200 g Steinpilze

200 g Pfifferlinge

1 Glas Weißwein

Salz

Pfeffer aus der Mühle

1 Prise Muskat

1 Prise Cayennepfeffer

150 ml Gemüsebrühe

1 Becher Sahne

1½ EL Speisestärke

½ Bund Petersilie

einige Tropfen Zitronensaft

einige Tropfen Worcestersoße

So wird's gemacht

1. Die Butter oder Margarine in den Mikrowellen-RÖMERTOPF geben. Den Speck fein würfeln, dazugeben und im geschlossenen Topf bei 100 % Leistung 2–4 Minuten auslassen.

2. Die Zwiebel schälen und fein hacken. Den Lauch putzen, waschen und in feine Würfel oder Streifen schneiden. Beides zum Speck geben und im geschlossenen Topf bei 100 % Leistung weitere 4–6 Minuten garen.

3. Die Maronenröhrlinge, die Steinpilze und die Pfifferlinge verlesen, kurz waschen, je nach Bedarf klein schneiden und zum Speckgemüse geben.

4. Den Weißwein angießen, mit Salz, Pfeffer, Muskat und Cayennepfeffer würzen und die Pilze im geschlossenen Mikrowellen-RÖMERTOPF bei 100 % Leistung 6–10 Minuten garen.

5. Die Gemüsebrühe und die Sahne angießen. Die Speisestärke mit etwas Wasser anrühren und unter die Soße ziehen.

6. Die fein gehackte Petersilie unterrühren, den Mikrowellen-RÖMERTOPF verschließen und das Pilzragout bei 100 % Leistung nochmals 5–8 Minuten erhitzen.

7. Nach Ende der Garzeit das Waldpilzragout mit Salz, Pfeffer, Zitronensaft und Worcestersauce kräftig würzen und servieren.

Gesamtgarzeit: etwa 23 Minuten

Farbtafel 4
»Gefüllte Auberginen«
(Rezept Seite 54)

Buntes Kartoffelgulasch

Zutaten für 4 Personen

2 EL Schweineschmalz
1 Zwiebel
1 Stück Lauch
1 rote Paprikaschote
1 kleiner weißer Rettich
400 g Kartoffeln
1 Glas Weißwein
150 ml Gemüsebrühe
1 Lorbeerblatt
1 Zweig Rosmarin
1 Zweig Thymian
1 TL Salz
2 Knoblauchzehen
Salz
Pfeffer aus der Mühle
1 TL Paprikapulver
1 Dose geschälte Tomaten
1 Prise Speisewürze
1 Becher saure Sahne
½ Bund Schnittlauch

So wird's gemacht

1. Das Schweineschmalz in den Mikrowellen-RÖMER-TOPF geben.
2. Die Zwiebel schälen und in feine Würfel schneiden. Den Lauch und die Paprikaschote waschen, putzen und in dünne Streifen oder in Würfel schneiden.
3. Den Rettich waschen, putzen, in feine Würfel oder Scheiben schneiden. Die Kartoffeln schälen und würfeln. Das vorbereitete Gemüse in den Mikrowellen-RÖMER-TOPF geben.
4. Den Weißwein und die Gemüsebrühe angießen, das Lorbeerblatt, den Rosmarin- und den Thymianzweig sowie die mit Salz zerriebenen Knoblauchzehen unterrühren.
5. Den Mikrowellen-RÖMERTOPF verschließen und das Gemüse bei 100 % Leistung 10–15 Minuten garen.
6. Das Ganze mit Salz, Pfeffer und Paprikapulver kräftig würzen, die geschälten Tomaten dazugeben.
7. Mit der Speisewürze abschmecken, den Mikrowellen-RÖMERTOPF verschließen und das Ganze bei 100 % Leistung nochmals 6–10 Minuten erhitzen.
8. Das Kartoffelgulasch abschmecken, die saure Sahne unterziehen und das Gericht mit frisch geschnittenem Schnittlauch bestreut servieren.

**Gesamtgarzeit:
etwa 21 Minuten**

Feines Gemüsegulasch

Zutaten für 4 Personen

1 Zwiebel

1 Stange Lauch

1 mittelgroße Aubergine

1 mittelgroßer Zucchino

1 Stück Stangensellerie

2 Karotten

2 Knoblauchzehen

1 TL Salz

1 EL geriebene Schale
einer unbehandelten Zitrone

1 TL Basilikum

1 TL Oregano

Saft von 1 Orange und 1 Zitrone

1 Schuß Weißwein

1 große Dose geschälte Tomaten

300 ml gebundene Bratensoße

einige Tropfen Weinessig

1 Prise Cayennepfeffer

1 Prise Zucker

1 Becher saure Sahne

½ Bund Schnittlauch

So wird's gemacht

1. Die Zwiebel und den Lauch putzen und in feine Streifen schneiden.

2. Die Aubergine waschen, putzen und in Würfel schneiden. Den Zucchino und den Stangensellerie putzen, waschen und in feine Würfel schneiden. Die Karotten schälen und ebenfalls fein würfeln.

3. Das Gemüse mit den mit Salz zerriebenen Knoblauchzehen, der Zitronenschale, dem Basilikum und dem Oregano vermischen und in den Mikrowellen-RÖMERTOPF geben.

4. Den Orangensaft, den Zitronensaft und den Weißwein angießen.

5. Den Mikrowellen-RÖMERTOPF verschließen und das Gemüse bei 100 % Leistung 10–15 Minuten garen.

6. Die geschälten Tomaten und die Bratensoße unterziehen. Mit Weinessig, Cayennepfeffer, Zucker, Salz und Pfeffer kräftig würzen.

7. Den Mikrowellen-RÖMERTOPF verschließen und das Gemüsegulasch bei 75 % Leistung weitere 10–15 Minuten garen.

8. Nach Ende der Garzeit die saure Sahne unterziehen, das Gemüsegulasch nochmals abschmecken und mit frisch geschnittenem Schnittlauch bestreut servieren.

**Gesamtgarzeit:
etwa 25 Minuten**

Kohlrabigemüse mit Pilzen

Zutaten für 4 Personen

1 Zwiebel

600 g Kohlrabi

2 EL Butter oder Margarine

1 Schuß Weißwein

150 ml Gemüsebrühe

100 g frische Champignons

Saft von 1 Zitrone

1 Becher Sahne

1½ EL Speisestärke

Salz

Pfeffer aus der Mühle

1 Prise Muskat

einige Tropfen Worcestersoße

2–3 EL gehackte Zitronenmelisse

So wird's gemacht

1. Die Zwiebel schälen und fein hacken. Den Kohlrabi putzen und in dünne Streifen schneiden.

2. Das Gemüse mit der Butter oder Margarine, dem Weißwein und der Gemüsebrühe in den Mikrowellen-RÖMERTOPF geben.

3. Den Mikrowellen-RÖMERTOPF verschließen und das Gemüse bei 100 % Leistung 8–12 Minuten garen.

4. Die Champignons putzen, in Scheiben schneiden, mit Zitronensaft beträufeln und zum Gemüse geben.

5. Den Mikrowellen-RÖMERTOPF verschließen und das Kohlrabigemüse bei 100 % Leistung 4–6 Minuten weitergaren.

6. Die Sahne und die Speisestärke miteinander verrühren und zum Gemüse geben.

7. Mit Salz, Pfeffer, Muskat, Worcestersoße und Zitronensaft kräftig würzen. Den Mikrowellen-RÖMERTOPF verschließen und das Ganze bei 100 % Leistung nochmals 5–8 Minuten erhitzen.

8. Das Kohlrabigemüse mit Zitronenmelisse bestreuen und servieren.

Gesamtgarzeit: etwa 22 Minuten

Gefüllte Zucchini

Zutaten für 4 Personen

4 kleine Zucchini
Saft von 1 Zitrone
Salz
Pfeffer aus der Mühle
2 EL Tomatenmark
2 Zwiebeln
500 g feines Bratwurstbrät
2 EL mittelscharfer Senf
1 EL grüne Pfefferkörner
3 EL gehackte Petersilie
2 EL Butter oder Margarine
100 g frische Champignons
1 Glas Weißwein
¼ l Tomatensoße
1 TL Oregano
1 TL Basilikum
1 Becher Sahne
1 ½ EL Speisestärke

So wird's gemacht

1. Die Zucchini waschen, putzen, der Länge nach halbieren und mit einem Teelöffel das Fruchtfleisch herauslösen. Zucchini und Fruchtfleisch mit Zitronensaft beträufeln. Mit Salz und Pfeffer würzen.
2. Jede Zucchinihälfte mit etwas Tomatenmark einstreichen. Die Zwiebeln schälen und fein hacken.
3. Das Bratwurstbrät mit dem Senf, der Hälfte der Zwiebelwürfel, den Pfefferkörnern und der Petersilie vermischen. Mit Salz und Pfeffer würzen.
4. Das Bratwurstbrät gleichmäßig in die Zucchinihälften füllen.
5. Die Butter oder Margarine mit den restlichen Zwiebelwürfeln und den geputzten und in Scheiben geschnittenen Champignons in den Mikrowellen-RÖMERTOPF geben.
6. Das Fruchtfleisch dazugeben, die Zucchinihälften einsetzen und den Weißwein angießen.
7. Den Mikrowellen-RÖMERTOPF verschließen und die Zucchini bei 100 % Leistung 6–10 Minuten sowie bei 75 % Leistung 10–15 Minuten garen.
8. Die Tomatensoße mit dem Oregano und dem Basilikum sowie der Sahne verrühren und zum Gemüse gießen.
9. Die Speisestärke mit etwas Wasser anrühren und das Ganze unter die Soße ziehen.
10. Den Mikrowellen-RÖMERTOPF verschließen und das Ganze bei 100 % Leistung nochmals 5–8 Minuten erhitzen.
11. Die Zucchinihälften anrichten, die Soße nochmals abschmecken, über den gefüllten Zucchini verteilen und servieren.
Gesamtgarzeit:
etwa 27 Minuten

53

Gefüllte Auberginen

Zutaten für 4 Personen

2 mittelgroße Auberginen

Für die Füllung:

400 g Kalbsbrät
1 Zwiebel
2 EL Crème fraîche
2 Eier
1 TL geriebene Schale
einer unbehandelten Zitrone
1 EL Majoran
Salz
Pfeffer aus der Mühle
1 Prise Muskat
1 Prise Cayennepfeffer
2–3 EL gehackte Petersilie

Für die Soße:

2 EL Butter oder Margarine
2 Knoblauchzehen
1 Zwiebel
1 TL Salz
1 Stück Lauch
150 ml Sangrita Pikante
¼ l gebundene Bratensoße
1 kleine Dose geschälte Tomaten
1 TL Oregano
1 TL Basilikum

So wird's gemacht

1. Die Auberginen waschen, halbieren und mit einem Teelöffel die Kerne herauslösen.
2. Für die Füllung das Kalbsbrät mit der fein gehackten Zwiebel, der Crème fraîche, den Eiern, der Zitronenschale und dem Majoran in eine Schüssel geben und gut miteinander verschlagen.
3. Das Kalbsbrät mit Salz, Pfeffer, Muskat und Cayennepfeffer kräftig würzen und die Petersilie unterziehen.
4. Das Brät gleichmäßig in die Auberginenhälften füllen.
5. Die Butter oder Margarine mit der mit Salz zerriebenen Knoblauchzehe in den Mikrowellen-RÖMERTOPF geben.
6. Die Zwiebel und den Lauch putzen, in feine Würfel oder Streifen schneiden und dazugeben.
7. Die gefüllten Auberginen einsetzen, den Sangrita Pikante angießen, den Mikrowellen-RÖMERTOPF verschließen und das Ganze bei 100 % Leistung 8–12 Minuten garen.
8. Die Bratensoße mit den geschälten Tomaten, dem Oregano und dem Basilikum vermischen und zu den Auberginen geben.
9. Den Mikrowellen-RÖMERTOPF verschließen, das Ganze bei 100 % Leistung 8–12 Minuten und bei 75 % Leistung 10–15 Minuten weitergaren.
10. Die Soße nochmals abschmecken und die Auberginen damit servieren.

(Farbtafel 4, siehe Seite 49)
**Gesamtgarzeit:
etwa 33 Minuten**

54

Scharfe Paprikaschoten

Zutaten für 4 Personen

4 grüne Paprikaschoten

Für die Füllung:

400 g Bratwurstbrät
1 Knoblauchzehe
1 TL Salz
1 TL Majoran
1 TL Thymian
1 EL mittelscharfer Senf
1 EL grüne Pfefferkörner
1 Zwiebel
Salz
Pfeffer aus der Mühle
2 Eier
Semmelbrösel zum Binden

Außerdem:

2 EL Butter oder Margarine
¼ l gebundene Tomatensoße
1 kleine Dose geschälte Tomaten
50 g Salami
einige Tropfen Tabasco
2–3 EL Crème fraîche

So wird's gemacht
1. Von den Paprikaschoten eine Haube abschneiden und das Kerngehäuse herauslösen. Die Schoten unter fließendem Wasser abwaschen und gut abtropfen lassen.
2. Für die Füllung das Bratwurstbrät mit der mit Salz zerriebenen Knoblauchzehe, dem Majoran, dem Thymian, dem Senf und den Pfefferkörnern gut verrühren. Die Zwiebel schälen, fein hacken und dazugeben.
3. Die Masse mit Salz und Pfeffer kräftig würzen, die Eier darunterschlagen und je nach Bedarf mit Semmelbröseln binden.
4. Die Masse in die Paprikaschoten füllen. Den Mikrowellen-RÖMERTOPF mit der Butter oder Margarine ausfetten und die Paprikaschoten einsetzen.
5. Die Tomatensoße angießen und den Mikrowellen-RÖMERTOPF verschließen. Die Paprikaschoten bei 100 % Leistung 6–10 Minuten sowie bei 75 % Leistung 10–15 Minuten garen.
6. Die geschälten Tomaten mit der Gabel zerdrücken und mit der in feine Würfel geschnittenen Salami unter die Soße ziehen.
7. Je nach Geschmack mit Tabasco schärfen und mit Crème fraîche verfeinern.
8. Den Mikrowellen-RÖMERTOPF verschließen und die Paprikaschoten bei 100 % Leistung weitere 5–8 Minuten erhitzen.
9. Die Soße nochmals abschmecken, über die Paprikaschoten geben und servieren.
**Gesamtgarzeit:
etwa 27 Minuten**

Gefüllte Zwiebeln

Zutaten für 2 Personen

4 mittelgroße Gemüsezwiebeln
75 ml Gemüsebrühe
½ Glas Weißwein
1 Lorbeerblatt
einige Wacholderbeeren
einige Nelken

Für die Füllung:

250 g grobes Bratwurstbrät
1 TL mittelscharfer Senf
½ altbackenes
eingeweichtes Brötchen
1 Ei
1 TL grüne Pfefferkörner
1 EL Majoran
Salz
Pfeffer aus der Mühle

Außerdem:

1 Becher Sahne
1 EL Speisestärke
1 Prise Speisewürze
½ Bund Schnittlauch

So wird's gemacht

1. Die geschälten Zwiebeln mit der Gemüsebrühe, dem Weißwein, dem Lorbeerblatt, den Wacholderbeeren und den Nelken in den Mikrowellen-RÖMERTOPF geben und im geschlossenen Topf bei 100 % Leistung 6–8 Minuten garen.
2. Anschließend mit einem Messer einen Deckel abschneiden, die Zwiebeln aushöhlen und das ausgelöste Zwiebelfleisch klein hacken.
3. Das Bratwurstbrät mit der Zwiebelmasse, dem Senf, dem gut ausgedrückten Brötchen und dem Ei in eine Schüssel geben und zu einer Masse verarbeiten.
4. Die Fleischmasse mit grünen Pfefferkörnern, Majoran, Salz und Pfeffer würzen.
5. Die Zwiebeln mit der Fleischmasse füllen und in den Zwiebelsud geben.
6. Den Mikrowellen-RÖMERTOPF verschließen und die gefüllten Zwiebeln bei 75 % Leistung 10–15 Minuten garen.
7. Die Sahne mit der Speisestärke anrühren und die Soße damit binden. Das Ganze im geschlossenen Topf bei 100 % Leistung 4–6 Minuten nochmals erhitzen.
8. Nach Ende der Garzeit die Soße mit Salz, Pfeffer und Speisewürze würzen.
9. Die Zwiebeln und die Soße mit frisch geschnittenem Schnittlauch bestreut servieren.
Gesamtgarzeit:
etwa 25 Minuten

Fleischgerichte

Schweineschmorsteaks mit Gemüsestreifen

Zutaten für 4 Personen

4 Schweineschnitzel à 150 g
Salz
Pfeffer aus der Mühle
2 EL mittelscharfer Senf
1 EL Majoran
1 EL grüne Pfefferkörner
1 EL Butter oder Margarine
1 Glas Rotwein
150 ml gebundene Bratensoße
1 Zwiebel
2 Karotten
1 Stück Lauch
1 Stück Sellerie
1 Becher Sahne
1 EL Speisestärke
einige Tropfen Zitronensaft
einige Tropfen Worcestersoße
1 Bund Schnittlauch

So wird's gemacht

1. Die Schweineschnitzel unter fließendem Wasser abwaschen, trockentupfen, mit Salz und Pfeffer kräftig würzen.
2. Den Senf, den Majoran und die grünen Pfefferkörner miteinander verrühren und die Schweineschnitzel damit einstreichen.
3. Die Butter oder Margarine und die Schnitzel in den Mikrowellen-RÖMERTOPF geben. Den Topf verschließen

und das Fleisch bei 100 % Leistung 8–10 Minuten garen.
4. Den Rotwein und die Bratensoße angießen und das Fleisch im geschlossenen Topf bei 75 % Leistung 25–30 Minuten weitergaren.
5. In der Zwischenzeit das Gemüse waschen, putzen, in dünne Streifen schneiden und anschließend zum Fleisch geben.
6. Den Mikrowellen-RÖMERTOPF verschließen und das Ganze bei 100 % Leistung 6–10 Minuten garen.
7. Die Sahne mit der Speisestärke verrühren und die Soße damit binden.
8. Nach Ende der Garzeit die Soße mit Zitronensaft, Worcestersoße, Salz und Pfeffer kräftig würzen.
9. Die Schmorsteaks mit der Soße überziehen und mit frisch geschnittenem Schnittlauch bestreut servieren.
(Farbtafel 5, siehe Seite 64)
Gesamtgarzeit:
etwa 45 Minuten

Kalbsscheiben mit Gemüse

Zutaten für 4 Personen

4 Kalbsschnitzel à 150 g
Salz
Pfeffer aus der Mühle
1 Knoblauchzehe
1 TL geriebene Schale einer unbehandelten Zitrone
1 TL Kräuter der Provence
1 EL Butterschmalz
1 Glas Weißwein
1 Lorbeerblatt
1 Zwiebel
2 Karotten
1 Stück Stangensellerie
1 kleiner Zucchino
150 ml Tomatensaft
¼ l gebundene Bratensoße
2 hart gekochte Eier
½ Bund Petersilie
1 Röhrchen Kapern

So wird's gemacht

1. Die Kalbsschnitzel unter fließendem Wasser abwaschen, trockentupfen, mit Salz und Pfeffer würzen.
2. Die Knoblauchzehe fein hacken, mit der Zitronenschale und den Kräutern der Provence vermischen und die Kalbsschnitzel damit einreiben.
3. Das Butterschmalz und die Kalbsschnitzel in den Mikrowellen-RÖMERTOPF geben, den Topf verschließen und das Fleisch bei 100 % Leistung 8–10 Minuten garen.
4. Die Kalbsschnitzel mit dem Weißwein begießen. Das Lorbeerblatt dazugeben, den Mikrowellen-RÖMERTOPF verschließen und das Ganze bei 100 % Leistung 8–12 Minuten garen.
5. In der Zwischenzeit die Zwiebel und die Karotten schälen und fein würfeln. Den Stangensellerie und den Zucchino putzen, waschen und in kleine Würfel schneiden.
6. Die Gemüsewürfel zum Fleisch geben und das Ganze im geschlossenen Topf bei 75 % Leistung 10–15 Minuten garen.
7. Anschließend den Tomatensaft und die Bratensoße angießen. Den Mikrowellen-RÖMERTOPF verschließen und das Ganze bei 100 % Leistung noch mal 6–10 Minuten erhitzen.
8. Nach Ende der Garzeit die Soße abschmecken. Die Kalbsscheiben anrichten, mit dem Gemüse und der Soße überziehen.
9. Die geschälten, gehackten Eier mit der gehackten Petersilie und den gut abgetropften Kapern vermischen, über die Kalbsscheiben streuen und sofort servieren.
Gesamtgarzeit: etwa 38 Minuten

Süßsaures Pfefferfleisch

Zutaten für 4 Personen

500 g mageres Schweinefleisch
2 EL geschrotete Pfefferkörner
Salz
Pfeffer aus der Mühle
1 EL Butterschmalz
2 Zwiebeln
1 Glas Weißwein
1 Lorbeerblatt
1 rote Paprikaschote
1 grüne Paprikaschote
100 g Champignons
2 Scheiben Ananas
1 Glas Sangrita Pikante
¼ l gebundene Bratensoße
2 EL Obstessig
1 EL Honig
½ Bund Schnittlauch

So wird's gemacht

1. Das Schweinefleisch unter fließendem Wasser abwaschen, trockentupfen und in kleine Würfel schneiden.
2. Das Fleisch mit den geschroteten Pfefferkörnern, Salz und Pfeffer aus der Mühle kräftig würzen.
3. Das Butterschmalz und das Fleisch in den Mikrowellen-RÖMERTOPF geben, den Topf verschließen und das Fleisch bei 100% Leistung 6–8 Minuten garen.
4. Die Zwiebeln schälen, in Ringe schneiden, dazugeben und im geschlossenen Mikrowellen-RÖMERTOPF bei 100% Leistung 4–5 Minuten mitgaren.
5. Mit Weißwein ablöschen, das Lorbeerblatt dazugeben und das Ganze im geschlossenen Topf bei 100% Leistung 6–8 Minuten sowie bei 75% Leistung 15–20 Minuten garen.
6. Die Paprikaschoten putzen, in feine Streifen schneiden und mit den in Scheiben geschnittenen Champignons zum Fleisch geben.
7. Den Mikrowellen-RÖMERTOPF verschließen und das Ganze bei 100% Leistung weitere 8–12 Minuten garen.
8. Die Ananasscheiben in Würfel schneiden, mit dem Sangrita Pikante, der Bratensoße, dem Obstessig und dem Honig zum Fleisch geben.
9. Das Ganze im geschlossenen RÖMERTOPF bei 100% Leistung 5–8 Minuten erhitzen.
10. Nach Ende der Garzeit das Pfefferfleisch nochmals abschmecken und mit frisch geschnittenem Schnittlauch bestreut servieren.
Gesamtgarzeit: etwa 52 Minuten

Rindfleischragout mit Edelpilzkäse

Zutaten für 4 Personen

400 g Rindfleisch
Salz
Pfeffer aus der Mühle
75 g durchwachsener
geräucherter Speck
1 EL Butterschmalz
1 Zwiebel
1 Knoblauchzehe
je 1 TL Oregano und Basilikum
1 Dose geschälte Tomaten
2 Karotten
1 kleiner Zucchino
¼ l gebundene Bratensoße
150 g Sahne
50 g Edelpilzkäse
1 TL Speisestärke
einige Tropfen Zitronensaft
einige Tropfen Worcestersoße
½ Bund Schnittlauch

So wird's gemacht

1. Das Rindfleisch unter fließendem Wasser abwaschen, trockentupfen und in feine Würfel schneiden, würzen.
2. Den Speck in feine Würfel schneiden, mit dem Butterschmalz in den Mikrowellen-RÖMERTOPF geben. Den Topf verschließen und den Speck bei 100 % Leistung 2–3 Minuten garen.
3. Das Rindfleisch dazugeben und im geschlossenen Topf bei 100 % Leistung 8–10 Minuten garen.
4. Die Zwiebel fein hacken, zum Fleisch geben. Die mit Salz zerriebene Knoblauchzehe, den Oregano und das Basilikum unterrühren und das Ganze mit den geschälten Tomaten auffüllen.
5. Den Mikrowellen-RÖMERTOPF verschließen und das Ganze bei 100 % Leistung 8–12 Minuten sowie bei 75 % Leistung 20–25 Minuten garen.
6. Die Karotten schälen, fein würfeln, den Zucchino waschen, putzen, in feine Würfel schneiden und zum Fleisch geben.
7. Den Mikrowellen-RÖMERTOPF verschließen, das Ganze bei 100 % Leistung weitere 8–12 Minuten garen.
8. Nach Ende der Garzeit die Bratensoße, die Sahne und den Edelpilzkäse miteinander vermischen, zum Fleisch geben und das Ganze im geschlossenen Topf bei 100 % Leistung 5–8 Minuten erhitzen.
9. Je nach Geschmack die Speisestärke mit etwas Wasser oder Rotwein anrühren und das Ragout damit leicht binden.
10. Das Ragout mit Zitronensaft, Worcestersoße, Salz und Pfeffer abschmecken. Mit frisch geschnittenem Schnittlauch bestreut servieren.
Gesamtgarzeit:
etwa 60 Minuten

Wiener Kalbsgulasch

Zutaten für 4 Personen

500 g Kalbsgulasch

Salz

Pfeffer aus der Mühle

1 TL Majoran

1 TL Thymian

1 EL Butterschmalz

1 Glas Weißwein

1 Zwiebel

2 Karotten

2 EL Tomatenmark

100 g frische Champignons

Saft von ½ Zitrone

¼ l gebundene Bratensoße

150 ml Sahne

1 TL Speisestärke

1 Prise Muskat

1 Prise Cayennepfeffer

2 Tomaten

½ Bund Petersilie

So wird's gemacht

1. Das Kalbfleisch unter fließendem Wasser abwaschen, trockentupfen und in kleine Würfel schneiden.
2. Das Fleisch mit Salz, Pfeffer, Majoran und Thymian kräftig würzen.
3. Das Butterschmalz und das Fleisch in den Mikrowellen-RÖMERTOPF geben, den Topf verschließen und das Fleisch bei 100 % Leistung 8–10 Minuten garen.
4. Mit Weißwein ablöschen, den Mikrowellen-RÖMER-TOPF verschließen und das Fleisch bei 75 % Leistung 15–20 Minuten weitergaren.

5. In der Zwischenzeit die Zwiebel und die Karotten schälen, in feine Würfel schneiden.
6. Das Gemüse mit dem Tomatenmark unter das Fleisch heben und das Ganze im geschlossenen Topf bei 75 % Leistung 8–12 Minuten garen.
7. Die Champignons waschen, putzen, gut abtropfen lassen, in Scheiben schneiden und mit Zitronensaft beträufeln.
8. Die Champignons mit der Bratensoße vermischen und zum Gulasch geben. Die Sahne und die Speisestärke anrühren und ebenfalls unterziehen.
9. Das Ganze mit Muskat, Cayennepfeffer, Salz und Pfeffer kräftig würzen und im geschlossenen Topf bei 100 % Leistung 5–8 Minuten garen.
10. Die enthäuteten, entkernten und in Würfel geschnittenen Tomaten nach Ende der Garzeit unter das Gulasch heben.
11. Das Gulasch nochmals abschmecken und mit fein gehackter Petersilie bestreut servieren.
**Gesamtgarzeit:
etwa 41 Minuten**

Wildgulasch ›St. Hubertus‹

Zutaten für 4 Personen

500 g Wildfleisch
ohne Knochen
Salz
Pfeffer aus der Mühle
1 TL Wacholderbeeren
1 Lorbeerblatt
einige Pimentkörner
2 EL Butterschmalz
2 EL Tomatenmark
1 Glas Rotwein
1 Zwiebel
1 Karotte
1 Stück Sellerie
¼ l gebundene Wildsoße
1 kleine Dose Steinpilze
2 EL Preiselbeermarmelade
1 TL Thymian
2–3 EL Crème fraîche
mit Kräutern
einige Tropfen Kirschlikör
einige Kräuterzweige zum
Garnieren

So wird's gemacht

1. Das Wildfleisch unter fließendem Wasser abwaschen, trockentupfen und in kleine Würfel schneiden.
2. Das Fleisch salzen und pfeffern. Die Wacholderbeeren, die Pfefferkörner, das Lorbeerblatt und die Pimentkörner im Mörser fein zerreiben und anschließend das Fleisch damit gut einreiben.
3. Das Butterschmalz und das Fleisch in den Mikrowellen-RÖMERTOPF geben, den Topf verschließen und das Fleisch bei 100 % Leistung 6–8 Minuten garen.
4. Das Tomatenmark unterrühren und mit dem Rotwein ablöschen.
5. Den Mikrowellen-RÖMERTOPF verschließen und das Fleisch bei 75 % Leistung 15–20 Minuten garen.
6. Die Zwiebel und die Karotte schälen, in mundgerechte Würfel schneiden. Den Sellerie waschen, putzen und ebenfalls klein schneiden. Das Gemüse zum Fleisch geben, den Mikrowellen-RÖMERTOPF verschließen und das Ganze bei 75 % Leistung weitere 10–15 Minuten garen.
7. Die Wildsoße, die gutabgetropften und klein geschnittenen Steinpilze, die Preiselbeermarmelade und den Thymian miteinander vermischen und zum Wildfleisch geben.
8. Den Mikrowellen-RÖMERTOPF verschließen und das Ganze bei 100 % Leistung nochmals 8–12 Minuten erhitzen.
9. Nach Ende der Garzeit die Soße mit Crème fraîche und dem Kirschlikör aromatisieren.
10. Das Wildgulasch abschmecken und mit Kräuterzweigen garniert servieren.
**Gesamtgarzeit:
etwa 47 Minuten**

Szegediner Gulasch

Zutaten für 4 Personen

500 g Schweinefleisch

Salz

Pfeffer aus der Mühle

1 TL Kümmel

1 EL Majoran

2 Knoblauchzehen

1 TL Salz

1 EL Butterschmalz

2 EL Tomatenmark

1 Glas Bier

1 Zwiebel

1 rote Paprikaschote

1 grüne Paprikaschote

250 g Sauerkraut

1 Lorbeerblatt

einige Nelken

einige Pfefferkörner

¼ l gebundene Bratensoße

1 TL Paprikapulver

1 Prise Cayennepfeffer

1 Prise Zucker

1 Bund Schnittlauch

So wird's gemacht

1. Das Schweinefleisch unter fließendem Wasser abwaschen, trockentupfen und in kleine Würfel schneiden.
2. Mit Salz, Pfeffer, Kümmel und Majoran kräftig würzen. Die mit Salz zerriebenen Knoblauchzehen in das Fleisch einreiben.
3. Das Butterschmalz und das Fleisch in den Mikrowellen-RÖMERTOPF geben, den Topf verschließen und das Fleisch bei 100 % Leistung 8–10 Minuten garen.
4. Das Tomatenmark unterrühren und das Bier angießen.
5. Den Mikrowellen-RÖMERTOPF verschließen und das Fleisch bei 75 % Leistung 20–25 Minuten weitergaren.
6. Die Zwiebel schälen, fein würfeln, die Paprikaschoten waschen, putzen und in feine Würfel schneiden.
7. Das Gemüse mit dem zerpflückten Sauerkraut, dem Lorbeerblatt, den Nelken und den Pfefferkörnern zum Fleisch geben.
8. Den Mikrowellen-RÖMERTOPF verschließen und das Ganze bei 100 % Leistung 8–10 Minuten garen.
9. Die Bratensoße angießen, mit Paprikapulver, Cayennepfeffer, Zucker, Salz und Pfeffer kräftig würzen.
10. Den Mikrowellen-RÖMERTOPF verschließen und das Gulasch bei 100 % Leistung weitere 6–10 Minuten erhitzen.
11. Das Gulasch mit frisch geschnittenem Schnittlauch bestreut servieren.

**Gesamtgarzeit:
etwa 50 Minuten**

Roastbeef im Kräutermantel

Zutaten für 4 Personen

800 g abgehangenes Roastbeef
4 EL Olivenöl
Salz
schwarzer Pfeffer aus der Mühle
1 TL Senf
1 TL Majoran
1 TL Basilikum
1 TL Thymian
1 TL Sellerieblätter
1 Bund gehackte Petersilie
¼ l gebundene Bratensoße
¼ l Rotwein
1 cl Weinbrand
½ Becher Sahne
1 Fleischtomate

So wird's gemacht

1. Das Roastbeef von Sehnen und Fett befreien, unter fließendem Wasser abspülen und trockentupfen.
2. Das Olivenöl mit Salz, Pfeffer, dem Senf, Majoran, Basilikum, Thymian, den Sellerieblättern und der Petersilie verrühren und das Roastbeef rundherum damit bestreichen.
3. Den Braten in den Mikrowellen-RÖMERTOPF geben, den Deckel verschließen und das Roastbeef bei 100 % Leistung 10 Minuten angaren.
4. Die Mikrowellenleistung auf 60–70 % vermindern und das Fleisch noch 10–15 Minuten weitergaren lassen. Das Roastbeef herausnehmen und 5 Minuten ruhen lassen.

5. Inzwischen den Fleischfond mit der Bratensoße, dem Rotwein und dem Weinbrand angießen. Alles gut verrühren und im geschlossenen Mikrowellen-RÖMERTOPF bei 100 % Leistung 3–4 Minuten aufkochen lassen.
6. Die Soße mit der Sahne verfeinern und nochmals abschmecken. Gegebenenfalls erneut erhitzen.
7. Das Roastbeef aufschneiden, anrichten und mit Tomatenscheiben garnieren.
Gesamtgarzeit:
etwa 26 Minuten

Farbtafel 5
»Schweineschmorsteaks
mit Gemüsestreifen«
(Rezept Seite 57)

Gekräuterter Schweinebraten

Zutaten für 4 Personen

800 g Schweinefleisch zum Braten
Salz
Pfeffer aus der Mühle
2 Knoblauchzehen
1 TL Salz
1 TL Majoran
1 TL Thymian
1 TL Rosmarin
½ Tasse Olivenöl
1 Glas Weißwein
1 Zwiebel
2 Karotten
1 Stück Lauch
1 Dose geschälte Tomaten
¼ l gebundene Bratensoße
einige Tropfen Tabasco
1 Becher saure Sahne
½ Bund Schnittlauch

So wird's gemacht

1. Das Schweinefleisch unter fließendem Wasser abwaschen, trockentupfen, mit Salz und Pfeffer kräftig würzen.
2. Die Knoblauchzehen mit Salz zerreiben, mit Majoran, Thymian und Rosmarin sowie dem Olivenöl vermischen und das Fleisch damit einreiben.
3. Den Schweinebraten im Kühlschrank mindestens 1 Tag marinieren lassen.
4. Das Fleisch und den Weißwein in den Mikrowellen-RÖMERTOPF geben und im geschlossenen Topf bei 100 % Leistung 8–12 Minuten sowie bei 75 % Leistung 20–25 Minuten garen.
5. In der Zwischenzeit die Zwiebel und die Karotten schälen und fein würfeln. Den Lauch putzen, waschen und in feine Würfel schneiden.
6. Das Gemüse zum Fleisch geben. Den Mikrowellen-RÖMERTOPF verschließen und das Ganze bei 100 % Leistung 8–12 Minuten garen.
7. Die geschälten Tomaten mit der Bratensoße vermischen und zum Fleisch geben.
8. Die Soße mit Tabasco schärfen, den Mikrowellen-RÖMERTOPF verschließen und das Ganze bei 100 % Leistung nochmals 6–8 Minuten erhitzen.
9. Nach Ende der Garzeit die Soße abschmecken und mit saurer Sahne verfeinern.
10. Den Braten anrichten, mit der Soße überziehen und mit frisch geschnittenem Schnittlauch bestreut servieren.
Gesamtgarzeit:
etwa 50 Minuten

Farbtafel 6
»Weißkrautrouladen«
(Rezept Seite 73)

Orangenbraten ›Florida‹

Zutaten für 4 Personen

800 g Kalbsbraten ohne Knochen
Salz
Pfeffer aus der Mühle
1 EL geriebene Schale
einer unbehandelten Orange
1 EL Butterschmalz
1 Glas Weißwein
Saft von 1 Orange
einige Nelken
1 Zimtstange
1 Lorbeerblatt
1 Zwiebel
2 Karotten
1 Stück Lauch
2 Orangen
¼ l helle gebundene Soße
2–3 EL Crème fraîche
einige Tropfen Orangenlikör
½ Bund Pfefferminze

So wird's gemacht

1. Den Kalbsbraten unter fließendem Wasser abwaschen, trockentupfen, mit Salz und Pfeffer sowie der Orangenschale kräftig würzen.
2. Das Butterschmalz und den Kalbsbraten in den Mikrowellen-RÖMERTOPF geben und im geschlossenen Topf bei 100 % Leistung 8–12 Minuten garen.
3. Den Braten mit dem Weißwein begießen, den Orangensaft, die Nelken, die Zimtstange und das Lorbeerblatt dazugeben, den Topf verschließen und das Ganze bei 100 % Leistung 8–12 Minuten sowie bei 75 % Leistung 10–15 Minuten garen.
4. In der Zwischenzeit die Zwiebel und die Karotten schälen und in feine Scheiben schneiden. Den Lauch putzen, waschen und in feine Scheiben schneiden. Das Gemüse zum Fleisch geben, den Mikrowellen-RÖMERTOPF verschließen und das Ganze bei 100 % Leistung 8–12 Minuten garen.
5. Die Orangen filieren und mit der Soße dazugeben.
6. Die Crème fraîche unterrühren und das Ganze im geschlossenen Mikrowellen-RÖMERTOPF bei 100 % Leistung 6–8 Minuten erhitzen.
7. Nach Ende der Garzeit die Soße mit Orangenlikör aromatisieren und nochmals kräftig abschmecken.
8. Die Pfefferminze verlesen, waschen, gut abtropfen lassen, fein hacken und unter die Soße ziehen.
**Gesamtgarzeit:
etwa 50 Minuten**

Gefüllter Schweinebauch in Altbiersoße

Zutaten für 4 Personen

800 g Schweinebauch
ohne Knochen
Salz
Pfeffer aus der Mühle
1 Zwiebel
200 g Bratwurstbrät
1 Ei
2 EL gehackte Petersilie
1 Knoblauchzehe
1 TL Salz
1 TL Majoran
Semmelbrösel zum Binden
2 EL Butterschmalz
1 Glas Altbier
1 Zwiebel
1 Karotte
1 Stück Lauch
1 Stück Sellerie
⅜ l gebundene Bratensoße
1 EL Honig
einige Tropfen Obstessig
1 TL Kräuter der Provence
2 EL Crème fraîche
½ Bund Schnittlauch

So wird's gemacht

1. Den Schweinebauch unter fließendem Wasser abwaschen, trockentupfen und mit einem scharfen Messer eine Tasche einschneiden.
2. Den Schweinebauch innen und außen salzen, pfeffern.
3. Die Zwiebel schälen, fein hacken, mit dem Bratwurstbrät, dem Ei, der Petersilie, der mit Salz zerriebenen Knoblauchzehe und dem Majoran vermischen und alles zu einer Masse verarbeiten.
4. Die Bratwurstmasse je nach Bedarf mit Semmelbröseln binden. Den Schweinebauch mit der Masse füllen und die Tasche mit Küchengarn zunähen.
5. Das Butterschmalz und das Fleisch in den Mikrowellen-RÖMERTOPF geben, das Altbier angießen. Den Topf verschließen und das Fleisch bei 100 % Leistung 8–12 Minuten und anschließend bei 75 % Leistung 20–25 Minuten garen.
6. In der Zwischenzeit die Zwiebel und die Karotte schälen, in Streifen schneiden. Den Lauch und den Sellerie putzen, waschen und ebenfalls in Streifen schneiden.
7. Das Gemüse mit der Bratensoße, dem Honig, dem Obstessig und den Kräutern der Provence zum Fleisch geben.
8. Den Mikrowellen-RÖMERTOPF verschließen und das Ganze bei 75 % Leistung weitere 10–15 Minuten garen.
9. Nach Ende der Garzeit die Soße nochmals abschmecken, mit Crème fraîche verfeinern, das Fleisch und die Soße mit frisch geschnittenem Schnittlauch bestreut servieren.

**Gesamtgarzeit:
etwa 42 Minuten**

Gemüsebraten in Rotweinsoße

Zutaten für 4 Personen

800 g Schweinerollbraten
Salz
Pfeffer aus der Mühle
1 TL Paprikapulver
1 Knoblauchzehe
1 TL Salz
1 EL Majoran
1 TL geriebene Schale
einer unbehandelten Zitrone
1 EL Butterschmalz
2 Gläser Rotwein
4 Karotten
2 Zwiebeln
1 Stange Lauch
1 Stück Sellerie
1 Lorbeerblatt
1 Zweig Thymian
1 Zweig Rosmarin
¼ l gebundene Bratensoße

So wird's gemacht

1. Den Schweinerollbraten
unter fließendem Wasser
abwaschen, trockentupfen,
mit Salz, Pfeffer und Paprikapulver kräftig würzen.
2. Die Knoblauchzehe mit
Salz zerreiben, mit dem Majoran und der Zitronenschale
vermischen und den Roll-
braten damit einreiben.
3. Das Butterschmalz und den
Rollbraten in den Mikro-
wellen-RÖMERTOPF
geben, den Topf verschließen
und das Fleisch bei 100 % Leistung 8–12 Minuten garen.

4. Den Rotwein angießen und
das Fleisch im geschlossenen
Topf bei 75 % Leistung weitere 15–20 Minuten garen.
5. Die Karotten und die Zwiebeln schälen, in mundgerechte
Stücke schneiden. Den Lauch
und den Sellerie putzen, waschen und ebenfalls in Stücke
schneiden. Das Gemüse zum
Fleisch geben.
6. Das Lorbeerblatt, den
Thymian und den Rosmarin
dazugeben und mit der
Bratensoße auffüllen.
7. Den Mikrowellen-
RÖMERTOPF verschließen
und das Ganze bei 75 % Leistung 10–15 Minuten weitergaren.
8. Nach Ende der Garzeit
die Soße nochmals abschmekken, den Braten anrichten,
mit der Gemüsesoße über-
ziehen und servieren.
Gesamtgarzeit:
etwa 40 Minuten.

Rindfleischrouladen in Rotwein

Zutaten für 4 Personen

4 Rinderrouladen
Salz
Pfeffer aus der Mühle
1 EL grüne Pfefferkörner
2 EL mittelscharfer Senf
1 TL Majoran
4 Scheiben Frühstücksspeck
1 Zwiebel
2 Karotten
2 Essiggurken
1 EL Butterschmalz
1 Glas Rotwein
1 Zwiebel
100 g frische Champignons
¼ l gebundene Bratensoße
150 ml Sahne
einige Tropfen Weinbrand
2–3 EL gehackte Petersilie

So wird's gemacht

1. Die Rinderrouladen mit Salz und Pfeffer kräftig würzen.
2. Die Pfefferkörner mit dem Senf und dem Majoran verrühren und die Rouladen damit einstreichen. Je eine Scheibe Frühstücksspeck darauflegen.
3. Die Zwiebel und die Karotten schälen und fein würfeln. Die Essiggurken in Stifte schneiden und das Gemüse auf die Rouladen verteilen.
4. Die Rouladen zusammenrollen und mit Küchengarn binden.
5. Das Butterschmalz und die Rouladen in den Mikrowellen-RÖMERTOPF geben und das Fleisch im geschlossenen Topf bei 100 % Leistung 8–10 Minuten garen.
6. Den Rotwein angießen, den Topf verschließen, das Fleisch bei 100 % Leistung 6–8 Minuten und bei 75 % Leistung 30–35 Minuten weitergaren.
7. Die Zwiebel schälen, fein hacken, mit den geputzten, gewaschenen und in Scheiben geschnittenen Champignons zum Fleisch geben.
8. Das Ganze im geschlossenen Topf bei 100 % Leistung 6–10 Minuten weitergaren.
9. Die Bratensoße mit der Sahne vermischen und ebenfalls zum Fleisch geben.
10. Den Mikrowellen-RÖMERTOPF verschließen und das Ganze bei 100 % Leistung nochmals 5–8 Minuten erhitzen.
11. Die Soße abschmecken und mit Weinbrand aromatisieren. Die Rouladen anrichten, mit der Soße überziehen und mit Petersilie bestreut servieren.

**Gesamtgarzeit:
etwa 63 Minuten**

Deftige Schweinerouladen

Zutaten für 4 Personen

4 Schweinerouladen
Salz
Pfeffer aus der Mühle
2 EL mittelscharfer Senf
1 TL Majoran
4 Scheiben gekochter Schinken
4 Scheiben Emmentaler Käse
1 Zwiebel
1 Stange Lauch
1 EL Butterschmalz
1 Glas Weißwein
¼ l gebundene helle Soße
150 ml Sahne
1 TL Kräuter der Provence
1 Prise Muskat
1 Prise Cayennepfeffer
1 Prise Zucker
einige Tropfen Zitronensaft
einige Tropfen Worcestersoße
3 EL gehackte Petersilie
3 EL geriebener Parmesankäse

So wird's gemacht

1. Die Schweinerouladen mit Salz und Pfeffer würzen, mit Senf bestreichen und den Majoran darüberstreuen.

2. Je eine Scheibe Schinken und eine Scheibe Käse auf die Rouladen legen.

3. Die Zwiebeln schälen, fein hacken, den Lauch putzen, waschen und in feine Scheiben schneiden. Beides auf den Rouladen verteilen.

4. Die Rouladen zusammenrollen und mit Küchengarn binden.

5. Das Butterschmalz und die Rouladen in den Mikrowellen-RÖMERTOPF geben. Im geschlossenen Topf bei 100 % Leistung 8–10 Minuten garen.

6. Den Weißwein angießen, den Mikrowellen-RÖMERTOPF verschließen und die Rouladen bei 75 % Leistung 20–25 Minuten weitergaren.

7. Die helle Soße mit der Sahne und den Kräutern der Provence vermischen, mit Salz, Pfeffer, Muskat, Cayennepfeffer, Zucker, Zitronensaft und Worcestersoße würzen.

8. Die Soße zu den Rouladen geben und das Ganze im geschlossenen Topf bei 100 % Leistung 6–10 Minuten weitergaren.

9. Nach Ende der Garzeit die Rouladen anrichten, die Soße nochmals abschmecken, die Petersilie und den Parmesankäse unterrühren, über die Rouladen verteilen und servieren.

Gesamtgarzeit: etwa 47 Minuten

Wildererrouladen

Zutaten für 4 Personen

4 Wildrouladen
Salz
Pfeffer aus der Mühle
2 EL mittelscharfer Senf
4 Scheiben Frühstücksspeck
1 Zwiebel
1 Dose Mischpilze
200 g Schweinemett
1 EL Preiselbeermarmelade
1 TL Majoran
2 Eier
2–3 EL gehackte Petersilie
Semmelbrösel zum Binden
1 EL Butterschmalz
1 Glas Rotwein
1 Lorbeerblatt
1 Zweig Thymian
¼ l gebundene Wildsoße
2 EL Crème fraîche
2 EL Preiselbeeren
einige Tropfen Weinbrand
einige Zweige Zitronenmelisse

So wird's gemacht

1. Die Wildrouladen mit Salz und Pfeffer kräftig würzen und mit Senf bestreichen. Den Frühstücksspeck darauflegen.
2. Die Zwiebel schälen, fein hacken, die Mischpilze abtropfen lassen und ebenfalls fein hacken. Beides mit dem Schweinemett, der Preiselbeermarmelade, dem Majoran und den Eiern zu einer glatten Masse verarbeiten.
3. Mit Salz und Pfeffer kräftig abschmecken und die Petersilie einarbeiten. Die Fleischmasse je nach Bedarf mit Semmelbröseln binden.
4. Die Masse auf die Wildrouladen verteilen, die Rouladen zusammenrollen und mit Küchengarn binden.
5. Das Butterschmalz und die Rouladen in den Mikrowellen-RÖMERTOPF geben und im geschlossenen Topf bei 100 % Leistung 6–8 Minuten garen.
6. Die Rouladen mit dem Rotwein begießen, das Lorbeerblatt und den Thymian dazugeben, den Topf verschließen und das Fleisch bei 100 % Leistung 6–8 Minuten sowie bei 75 % Leistung 20–25 Minuten weitergaren.
7. Die Wildsoße mit der Crème fraîche und den Preiselbeeren vermischen und zu den Rouladen geben.
8. Das Ganze im geschlossenen Topf bei 100 % Leistung nochmals 5–8 Minuten erhitzen.
9. Die Soße abschmecken und mit Weinbrand aromatisieren. Die Rouladen anrichten, mit der Soße überziehen, mit Zitronenmelisse garnieren und servieren.

**Gesamtgarzeit:
etwa 43 Minuten**

Kalbsrouladen mit Schinkenfüllung

Zutaten für 4 Personen

4 Kalbsrouladen
Salz
Pfeffer aus der Mühle
2 EL mittelscharfer Senf
100 g gekochter Schinken
1 Zwiebel
100 g frische Champignons
Saft von ½ Zitrone
2 EL Crème fraîche
2 Eier
Semmelbrösel zum Binden
1 Prise Muskat
1 Prise Cayennepfeffer
2–3 EL gehackte Petersilie
1 EL Butterschmalz
1 Glas Weißwein
1 Zwiebel
¼ l gebundene helle Soße
150 g Sahne
einige Tropfen Worcestersoße
einige Tropfen Zitronensaft
2–3 EL geriebener Parmesankäse

So wird's gemacht

1. Die Rouladen mit Salz und Pfeffer würzen und mit Senf bestreichen.

2. Den Schinken, die geschälte Zwiebel, die geputzten Champignons auf eine Arbeitsfläche geben, mit Zitronensaft beträufeln und sehr fein hacken.

3. Die Masse in eine Schüssel geben und mit der Crème fraîche und den Eiern verarbeiten. Würzen und die Petersilie unterziehen.

4. Je nach Bedarf mit Semmelbröseln binden und die Masse anschließend gleichmäßig auf die Rouladen verteilen.

5. Die Rouladen zusammenrollen und mit Küchengarn binden.

6. Das Butterschmalz und die Rouladen in den Mikrowellen-RÖMERTOPF geben und im geschlossenen Topf bei 100 % Leistung 6–8 Minuten garen.

7. Die Rouladen mit dem Weißwein begießen, den Topf verschließen und das Ganze bei 100 % Leistung 6–8 Minuten sowie bei 75 % Leistung 15–20 Minuten garen.

8. Die Zwiebel schälen und fein hacken, dazugeben und das Ganze im geschlossenen Topf bei 100 % Leistung 4–6 Minuten garen.

9. Die helle Soße mit der Sahne verrühren, mit Salz, Pfeffer, Worcestersoße und Zitronensaft kräftig würzen.

10. Die Soße zum Fleisch geben und das Ganze im geschlossenen Mikrowellen-RÖMERTOPF bei 100 % Leistung nochmals 5–8 Minuten erhitzen.

11. Die Soße abschmecken und mit Parmesankäse verfeinern.

Gesamtgarzeit: etwa 43 Minuten

Weißkrautrouladen

Zutaten für 4 Personen

8–12 große Weißkrautblätter

Für die Füllung:

1 EL Butter oder Margarine
2 Zwiebeln, 1 Stück Lauch
100 g gekochter Schinken
1 kleine Dose Mischpilze
2 Eier
1 TL Thymian
Salz
Pfeffer aus der Mühle
1 Prise Muskat
1 EL Preiselbeermarmelade
einige Tropfen Weinbrand
einige Tropfen Worcestersoße
Semmelbrösel zum Binden

Außerdem:

1 Glas Rotwein
¼ l gebundene Bratensoße
1 EL Edelpilzkäse
1 Schuß Sahne

So wird's gemacht

1. Die geputzten Weißkrautblätter in den Mikrowellen-RÖMERTOPF legen und im geschlossenen Topf bei 100 % Leistung 4–6 Minuten vorgaren. Je 2–3 Blätter auf einer Arbeitsfläche übereinanderlegen.
2. Die Butter oder Margarine in den Mikrowellen-RÖMERTOPF geben.
3. Die Zwiebeln schälen und fein hacken. Den Lauch putzen, waschen und in feine Streifen schneiden. Beides zum Fett geben und im geschlossenen Topf bei 100 % Leistung 4–6 Minuten garen.
4. Das Gemüse in eine Schüssel geben und mit dem in kleine Würfel geschnittenen Schinken, den grobgehackten Mischpilzen sowie den Eiern vermischen.
5. Würzen. Mit Preiselbeermarmelade, Weinbrand und Worcestersoße aromatisieren, die Füllung je nach Bedarf mit Semmelbröseln binden.
6. Die Füllung gleichmäßig auf die Weißkrautblätter verteilen und diese zu Rouladen zusammenrollen.
7. Die Weißkrautrouladen in den Mikrowellen-RÖMER-TOPF schichten und den Rotwein angießen.
8. Den Topf verschließen und die Rouladen bei 100 % Leistung 8–12 Minuten garen.
9. Die Bratensoße und den Edelpilzkäse vermischen, zu den Weißkrautrouladen geben und das Ganze im geschlossenen Mikrowellen-RÖMERTOPF bei 100 % Leistung weitere 6–10 Minuten garen.
10. Die Soße kräftig abschmecken, mit der Sahne verfeinern.
(Farbtafel 6, siehe Seite 65)
Gesamtgarzeit:
etwa 28 Minuten

73

Deftiges Wirsinggulasch

Zutaten für 4 Personen

400 g Schweinenacken
Salz
Pfeffer aus der Mühle
2 Knoblauchzehen
1 TL Salz
75 g durchwachsener geräucherter Speck
150 ml Gemüsebrühe
1 Zwiebel
500 g Wirsing
2 Lorbeerblätter
einige Wacholderbeeren
einige Pfefferkörner
1 TL Kümmel
3/4 l Gemüsebrühe
3–4 EL Crème fraîche
Speisestärke zum Binden
1 Bund Schnittlauch

So wird's gemacht

1. Den Schweinenacken unter fließendem Wasser abwaschen, trockentupfen und in kleine Würfel schneiden.

2. Mit Salz und Pfeffer würzen und die mit Salz zerriebenen Knoblauchzehen in das Fleisch einreiben.

3. Den Speck in kleine Würfel schneiden und in den Mikrowellen-RÖMERTOPF geben. Im geschlossenen Topf bei 100 % Leistung 2–3 Minuten garen.

4. Das Fleisch zum Speck geben, den Mikrowellen-RÖMERTOPF verschließen und das Fleisch bei 100 % Leistung 8–10 Minuten garen.

5. Die Gemüsebrühe dazugeben, den Topf verschließen und das Fleisch bei 75 % Leistung 15–20 Minuten weitergaren.

6. In der Zwischenzeit die Zwiebel schälen und fein würfeln.

7. Den Wirsing verlesen, waschen, gut abtropfen lassen und in dünne Streifen schneiden.

8. Die Zwiebelwürfel und den Wirsing mit den Lorbeerblättern, den Wacholderbeeren, den Pfefferkörnern und dem Kümmel zum Fleisch geben.

9. Den Mikrowellen-RÖMERTOPF verschließen und das Ganze bei 100 % Leistung 8–12 Minuten garen.

10. Die Gemüsebrühe angießen und das Gulasch im geschlossenen Topf bei 100 % Leistung noch mal 6–10 Minuten erhitzen.

11. Nach Ende der Garzeit das Ganze mit Crème fraîche verfeinern und mit etwas angerührter Speisestärke binden.

12. Das Gulasch nochmals abschmecken. Mit frisch geschnittenem Schnittlauch bestreut servieren.

Gesamtgarzeit: etwa 47 Minuten

Geflügelgerichte

Römische Hähnchenkeulen

Zutaten für 4 Personen

4 Hähnchenkeulen à 200 g
Salz
Pfeffer aus der Mühle
1 EL Butterschmalz
1 TL geriebene Schale
einer unbehandelten Zitrone
1 TL Oregano, 1 TL Basilikum
5 EL Tomatenketchup
2 EL Obstessig
1 Knoblauchzehe
1 Zwiebel
1 kleiner Zucchino
1 kleine Aubergine
1 Dose geschälte Tomaten
1 Schuß Weißwein
1 Prise Speisewürze
2–3 EL gehackte Petersilie
2–3 EL geriebener Parmesankäse

So wird's gemacht

1. Die Hähnchenkeulen unter fließendem Wasser abwaschen, trockentupfen, mit Salz und Pfeffer kräftig würzen.
2. Das Butterschmalz und die Hähnchenkeulen in den Mikrowellen-RÖMERTOPF legen und im geschlossenen Topf bei 100 % Leistung 6–8 Minuten garen.
3. Die Zitronenschale mit dem Oregano, dem Basilikum, dem Tomatenketchup, dem Obstessig und der fein gehackten Knoblauchzehe vermischen und die Hähnchenkeulen damit einstreichen.
4. Die Zwiebel schälen und fein hacken. Den Zucchino und die Aubergine waschen, putzen und in Scheiben oder Würfel schneiden.
5. Das Gemüse zum Fleisch geben. Den Mikrowellen-RÖMERTOPF verschließen und das Ganze bei 100 % Leistung 8–12 Minuten garen.
6. Die geschälten Tomaten dazugeben und den Weißwein angießen. Den Mikrowellen-RÖMERTOPF verschließen und das Ganze bei 75 % Leistung weitere 15–20 Minuten garen.
7. Nach Ende der Garzeit die Hähnchenkeulen anrichten, die Soße mit etwas Speisewürze aromatisieren, mit Salz und Pfeffer abschmecken.
8. Die gehackte Petersilie und den Parmesankäse unterziehen, das Gemüse über die Hähnchenkeulen geben und servieren.
**Gesamtgarzeit:
etwa 35 Minuten**

Champagnerhähnchen

Zutaten für 4 Personen

4 Hähnchenbrustfilets

Salz

Pfeffer aus der Mühle

1 TL geschrotete schwarze Pfefferkörner

1 EL Butterschmalz

2 cl Weinbrand

1 Zwiebel

1 Stück Lauch

1 Stück Stangensellerie

50 g eingeweichte chinesische Pilze

1 Glas Sekt oder Champagner

1 Becher Sahne

1 EL Speisestärke

1 Prise Cayennepfeffer

1 Prise Zucker

2 Tomaten

einige Tropfe Zitronensaft

einige Tropfen Worcestersoße

2–3 EL gehackter Estragon

So wird's gemacht

1. Die Hähnchenbrustfilets unter fließendem Wasser abwaschen, trockentupfen, mit Salz und Pfeffer würzen.

2. Den geschroteten Pfeffer über die Hähnchenbrustfilets geben und kräftig einmassieren.

3. Das Butterschmalz und das Fleisch in den Mikrowellen-RÖMERTOPF legen.

4. Mit Weinbrand beträufeln und im geschlossenen Topf bei 100% Leistung 6–8 Minuten garen.

5. Die Zwiebel schälen und in feine Ringe schneiden. Den Lauch und den Stangensellerie putzen, waschen, in feine Streifen oder Würfel schneiden. Das Gemüse zum Fleisch geben.

6. Die chinesischen Pilze in dünne Streifen schneiden und ebenfalls zum Fleisch geben.

7. Den Sekt oder Champagner angießen, den Mikrowellen-RÖMERTOPF verschließen, das Ganze bei 100% Leistung 4–6 Minuten und bei 75% Leistung 10–15 Minuten garen.

8. Die Sahne mit der Speisestärke anrühren und unter das Gemüse ziehen. Mit Salz, Pfeffer, Cayennepfeffer und Zucker kräftig würzen.

9. Die Tomaten enthäuten, in feine Würfel schneiden und ebenfalls dazugeben.

10. Den Mikrowellen-RÖMERTOPF verschließen und das Ganze bei 100% Leistung 5–8 Minuten erhitzen.

11. Die Champagnerhähnchen nochmals abschmecken, mit Zitronensaft und Worcestersoße aromatisieren, den Estragon unterziehen und servieren.

Gesamtgarzeit: etwa 31 Minuten

Speckkeulchen

Zutaten für 4 Personen

4 Hähnchenkeulen à 200 g
Salz
Pfeffer aus der Mühle
1 TL Majoran
1 TL geriebene Schale
einer unbehandelten Zitrone
100 g durchwachsener
geräucherter Speck
1 EL Butterschmalz
1 Zwiebel
1 Karotte
1 Stück Lauch
1 Stück Sellerie
1 Schuß Bier
¼ l gebundene Bratensoße
1 EL Zuckerrübensirup
oder Honig
2–3 EL Weinessig
2–3 EL Crème fraîche
1 Prise Cayennepfeffer
1 Prise gemahlener Kümmel
½ Bund Schnittlauch

So wird's gemacht

1. Die Hähnchenkeulen unter fließendem Wasser abwaschen, trockentupfen, mit Salz und Pfeffer kräftig würzen.
2. Den Majoran und die Zitronenschale miteinander vermischen und die Hähnchenkeulen damit einreiben.
3. Den Speck in feine Würfel schneiden, in den Mikrowellen-RÖMERTOPF geben und im geschlossenen Topf bei 100 % Leistung 2–3 Minuten garen.
4. Die Hähnchenkeulen dazugeben, den Mikrowellen-RÖMERTOPF verschließen und das Fleisch bei 100 % Leistung 6–8 Minuten garen.
5. Die Zwiebel und die Karotte schälen und fein würfeln. Den Lauch und den Sellerie putzen, waschen und in feine Würfel schneiden. Das Gemüse in den Mikrowellen-RÖMERTOPF geben.
6. Das Bier angießen und das Ganze im verschlossenen Topf bei 75 % Leistung 15–20 Minuten garen.
7. Die Bratensoße mit dem Zuckerrübensirup, dem Weinessig und der Crème fraîche vermischen und zu den Hähnchenkeulen geben.
8. Den Topf verschließen und das Ganze bei 100 % Leistung 6–10 Minuten weitergaren.
9. Nach Ende der Garzeit die Soße nochmals abschmecken, mit Cayennepfeffer und Kümmel würzen. Die Hähnchenkeulen anrichten, mit der Soße überziehen und mit frisch geschnittenem Schnittlauch bestreut servieren.
Gesamtgarzeit:
etwa 35 Minuten

Schwetzinger Hähnchengulasch

Zutaten für 4 Personen

4 Hähnchenbrustfilets
Salz
Pfeffer aus der Mühle
1 TL Kräuter der Provence
1 EL Butterschmalz
1 Zwiebel
250 g Spargelabschnitte
1 Glas Weißwein
Saft von 1 Zitrone
1 Lorbeerblatt
200 g frische Champignons
einige Tropfen Zitronensaft
½ l gebundene helle Soße
2–3 EL Crème fraîche
1 Prise Muskat
1 Prise Cayennepfeffer
einige Tropfen Worcestersoße
1 Prise Zucker
Kerbel zum Garnieren

So wird's gemacht

1. Die Hähnchenbrustfilets unter fließendem Wasser abwaschen, trockentupfen und in mundgerechte Würfel schneiden.
2. Das Fleisch mit Salz, Pfeffer und den Kräutern der Provence kräftig würzen.
3. Das Butterschmalz und das Fleisch in den Mikrowellen-RÖMERTOPF geben und das Fleisch im geschlossenen Topf bei 100 % Leistung 6–8 Minuten garen.
4. Die Zwiebel schälen, fein hacken, mit den Spargelabschnitten zum Fleisch geben.
5. Den Weißwein, den Zitronensaft, das Lorbeerblatt dazugeben, den Mikrowellen-RÖMERTOPF verschließen und das Ganze bei 100 % Leistung 10–15 Minuten garen.
6. Die Champignons putzen, waschen und halbieren. Mit Zitronensaft beträufeln und zum Fleisch geben. Den Mikrowellen-RÖMERTOPF verschließen und das Hähnchengulasch bei 100 % Leistung weitere 4–5 Minuten garen.
7. Die helle Soße mit der Crème fraîche vermischen und angießen. Den Topf erneut verschließen und das Ganze bei 100 % Leistung 3–4 Minuten erhitzen.
8. Das Hähnchengulasch mit Salz, Pfeffer, Muskat, Cayennepfeffer, Worcestersoße, Zucker und Zitronensaft kräftig abschmecken und mit Kerbel bestreut servieren.
Gesamtgarzeit: etwa 27 Minuten

Hähnchengulasch mit weißen Bohnen

Zutaten für 4 Personen

4 Hähnchenbrustfilets
Salz
Pfeffer aus der Mühle
1 TL geriebene Schale
einer unbehandelten Zitrone
1 TL gemahlener Kümmel
1 EL Butterschmalz
1 Zwiebel
1 rote Paprikaschote
1 Stück Lauch
150 ml Geflügelbrühe
1 Lorbeerblatt
1 Zweig Rosmarin
¼ l gebundene Bratensoße
1 Dose weiße Bohnen
1 TL Bohnenkraut
2 EL Tomatenmark
einige Tropfen Weinessig
1 Prise Cayennepfeffer
1 Prise Zucker
½ Bund Schnittlauch
4 EL saure Sahne

So wird's gemacht

1. Die Hähnchenbrustfilets unter fließendem Wasser abwaschen und trockentupfen. Das Fleisch in mundgerechte Stücke schneiden und mit Salz und Pfeffer würzen.
2. Die Zitronenschale und den Kümmel miteinander vermischen und das Fleisch damit kräftig einreiben.
3. Das Butterschmalz und das Fleisch in den Mikrowellen-RÖMERTOPF geben und im geschlossenen Topf bei 100 % Leistung 6–8 Minuten garen.

4. Die Zwiebel schälen, fein hacken, die Paprikaschote waschen, putzen, entkernen und in dünne Streifen schneiden. Den Lauch putzen, waschen und ebenfalls in feine Streifen schneiden. Das Gemüse zum Fleisch geben.
5. Die Geflügelbrühe angießen, das Lorbeerblatt und den Rosmarinzweig dazugeben. Den Mikrowellen-RÖMERTOPF verschließen und das Ganze bei 100 % Leistung 10–15 Minuten garen.
6. Nach Ende der Garzeit die Bratensoße angießen, die weißen Bohnen unterheben.
7. Mit Bohnenkraut würzen, das Tomatenmark unterziehen, mit Weinessig, Cayennepfeffer, Zucker, Salz und Pfeffer kräftig abschmecken.
8. Den Mikrowellen-RÖMERTOPF erneut verschließen und das Ganze bei 100 % Leistung nochmals 6–10 Minuten garen.
9. Das Hähnchengulasch nochmals kräftig abschmecken. Mit frisch geschnittenem Schnittlauch und saurer Sahne servieren.
Gesamtgarzeit: etwa 28 Minuten

Paprikagulasch

Zutaten für 4 Personen

4 Hähnchenbrustfilets
Salz
Pfeffer aus der Mühle
1 Knoblauchzehe
1 TL Kümmel
1 EL Majoran
1 TL geriebene Schale einer unbehandelten Zitrone
1 EL Butterschmalz
1 Zwiebel
1 rote Paprikaschote
1 grüne Paprikaschote
150 ml Gemüsebrühe
2 EL Tomatenmark
¼ l gebundene Bratensoße
1 Becher Sahne
1 EL Speisestärke
1 EL Paprikapulver edelsüß
½ Bund Schnittlauch

So wird's gemacht

1. Die Hähnchenbrustfilets unter fließendem Wasser abwaschen, trockentupfen und in mundgerechte Würfel schneiden. Mit Salz und Pfeffer kräftig würzen.

2. Die Knoblauchzehe, den Kümmel, den Majoran und die Zitronenschale miteinander vermischen und hacken.

3. Die Gewürzmischung mit dem Fleisch vermischen und gut einreiben.

4. Das Butterschmalz und das Fleisch in den Mikrowellen-RÖMERTOPF geben und im geschlossenen Topf bei 100 % Leistung 6–8 Minuten garen.

5. Die Zwiebel schälen, fein hacken, die Paprikaschoten waschen, putzen, entkernen, in feine Würfel schneiden und zum Fleisch geben.

6. Die Gemüsebrühe angießen, den Mikrowellen-RÖMERTOPF verschließen und das Ganze bei 100 % Leistung 10–15 Minuten weitergaren.

7. Das Tomatenmark unterziehen und die Bratensoße angießen.

8. Die Sahne und die Speisestärke miteinander verrühren, das Paprikapulver einrühren und ebenfalls zum Gulasch geben.

9. Den Mikrowellen-RÖMERTOPF erneut verschließen und das Paprikagulasch bei 100 % Leistung nochmals 6–10 Minuten garen.

10. Das Paprikagulasch kräftig abschmecken und mit frisch geschnittenem Schnittlauch bestreut servieren.

Gesamtgarzeit: etwa 28 Minuten

Farbtafel 7
»Hähnchengeschnetzeltes mit Früchten«
(Rezept Seite 81)

Hähnchengeschnetzeltes mit Früchten

Zutaten für 4 Personen

4 Hähnchenbrustfilets

Salz

Pfeffer aus der Mühle

1 TL Curry

1 Prise Ingwerpulver

1 EL Butterschmalz

1 Zwiebel

1 Bund Frühlingszwiebeln

1 Glas Weißwein

¼ l gebundene helle Soße

1 kleine Dose Fruchtcocktail

2–3 EL Crème fraîche

1 in Sirup eingelegte Ingwernuß

2 EL Sojasoße

einige Tropfen Obstessig

1 Prise Zucker

1 Prise Cayennepfeffer

½ Bund Schnittlauch

So wird's gemacht

1. Die Hähnchenbrustfilets unter fließendem Wasser abwaschen, trockentupfen und in dünne Streifen schneiden.
2. Das Fleisch mit Salz, Pfeffer, Curry und Ingwerpulver kräftig würzen.
3. Das Butterschmalz und das Hähnchenfleisch in den Mikrowellen-RÖMERTOPF geben und im geschlossenen Topf bei 100 % Leistung 6–8 Minuten garen.

4. Die Zwiebel schälen, fein würfeln, die Frühlingszwiebeln putzen, waschen, in Streifen schneiden und zum Fleisch geben.
5. Den Weißwein angießen, den Mikrowellen-RÖMERTOPF verschließen und das Ganze bei 100 % Leistung 10–15 Minuten garen.
6. Die helle Soße mit dem gut abgetropften Fruchtcocktail, der Crème fraîche, der fein gehackten Ingwernuß, der Sojasoße und dem Obstessig vermischen und zum Fleisch geben.
7. Den Mikrowellen-RÖMERTOPF verschließen und das Ganze bei 100 % Leistung weitere 6–10 Minuten erhitzen.
8. Das Geschnetzelte mit Salz, Pfeffer, Zucker und Cayennepfeffer nochmals kräftig abschmecken und mit frisch geschnittenem Schnittlauch bestreut servieren.
(Farbtafel 7, siehe Seite 80)
Gesamtgarzeit:
etwa 28 Minuten

Farbtafel 8
»Hähnchengeschnetzeltes
Hongkong«
(Rezept Seite 84)

Hähnchenfilets in Schinkenrahm

Zutaten für 4 Personen

4 Hähnchenbrustfilets
Salz
Pfeffer aus der Mühle
1 TL Oregano
1 Knoblauchzehe
1 TL Salz
1 EL geriebene Schale
einer unbehandelten Zitrone
1 EL Olivenöl
1 Zwiebel
50 g gekochter Schinken
100 g Erbsen (TK-Produkt)
100 g Karotten (TK-Produkt)
1 Schuß Weißwein
¼ l gebundene helle Soße
½ Becher Crème fraîche
2 EL Parmesankäse
2 EL gehackte Petersilie
einige Tropfen Zitronensaft
einige Tropfen Worcestersoße
1 Prise Zucker
1 Prise Muskat

So wird's gemacht

1. Die Hähnchenbrustfilets unter fließendem Wasser abwaschen, trockentupfen, mit Salz, Pfeffer und Oregano kräftig würzen.
2. Die Knoblauchzehe mit dem Salz zerreiben und mit der Zitronenschale vermischen. Die Hähnchenbrustfilets damit kräftig einreiben.
3. Das Olivenöl und die Hähnchenbrustfilets in den Mikrowellen-RÖMERTOPF geben und bei 100 % Leistung 6–8 Minuten garen.

4. Die Zwiebel schälen, fein hacken, mit dem in Streifen oder in feine Würfel geschnittenen Schinken zu den Hähnchenfilets geben.
5. Die Erbsen und die Karotten dazugeben und den Weißwein angießen.
6. Den Mikrowellen-RÖMERTOPF verschließen und das Ganze bei 75 % Leistung 15–20 Minuten garen.
7. Anschließend die helle Soße mit der Crème fraîche, dem Parmesankäse und der Petersilie vermischen und in den Mikrowellen-RÖMERTOPF geben.
8. Den Topf verschließen und das Ganze bei 100 % Leistung nochmals 6–10 Minuten erhitzen.
9. Das Ganze mit Zitronensaft, Worcestersoße, Zucker und Muskat sowie Salz und Pfeffer kräftig würzen und servieren.
**Gesamtgarzeit:
etwa 33 Minuten**

Hähnchengeschnetzeltes mit Pilzen

Zutaten für 4 Personen

4 Hähnchenbrustfilets
Salz
Pfeffer aus der Mühle
1 Prise Cayennepfeffer
2 EL Butterschmalz
1 Zwiebel
250 g frische Champignons
Saft von 1 Zitrone
1 Glas Weißwein
1 Becher Sahne
¼ l gebundene helle Soße
1 EL Speisestärke
2–3 EL gehackte Petersilie
1 Prise Speisewürze
1 Prise Muskat
1–2 EL geriebener Parmesankäse

So wird's gemacht

1. Die Hähnchenbrustfilets unter fließendem Wasser abwaschen, trockentupfen und in dünne Streifen schneiden.
2. Das Fleisch mit Salz, Pfeffer und Cayennepfeffer kräftig würzen.
3. Das Butterschmalz und das Fleisch in den Mikrowellen-RÖMERTOPF geben und im geschlossenen Topf bei 100 % Leistung 6–8 Minuten garen.
4. Die Zwiebeln schälen, fein hacken. Die Champignons putzen, waschen, in Scheiben schneiden und mit Zitronensaft beträufeln. Beides zum Fleisch geben und alles gut miteinander vermischen.
5. Den Weißwein angießen, den Mikrowellen-RÖMER-TOPF verschließen und das Ganze bei 100 % Leistung 10–15 Minuten garen.
6. Die Sahne mit der hellen Soße und der Speisestärke vermischen, angießen, alles gut miteinander vermischen und im geschlossenen Topf bei 100 % Leistung nochmals 5–8 Minuten erhitzen.
7. Das Hähnchengeschnetzelte mit Salz und Pfeffer kräftig würzen. Die Petersilie unterziehen, mit Speisewürze und Muskat aromatisieren.
8. Das Hähnchengeschnetzelte mit Parmesankäse bestreuen und servieren.
Gesamtgarzeit: etwa 26 Minuten

Hähnchengeschnetzeltes ›Hongkong‹

Zutaten für 4 Personen

4 Hähnchenschnitzel
Salz
Pfeffer aus der Mühle
1 EL Speisestärke
1 EL Butterschmalz
1 Zwiebel
1 rote Paprikaschote
1 grüne Paprikaschote
100 g Sojabohnenkeimlinge
1 Glas Weißwein
2 EL Tomatenmark
2 EL Honig
300 ml gebundene Bratensoße
2 Scheiben Ananas
2 in Sirup eingelegte Ingwernüsse
2 EL Obstessig
2 EL Sojasoße
1 TL Fünfgewürzpulver
2 EL gehackte Mandeln
1 Prise Cayennpfeffer
½ Bund Schnittlauch

So wird's gemacht

1. Die Hähnchenschnitzel unter fließendem Wasser abwaschen, gut trockentupfen und in mundgerechte Stücke schneiden.

2. Mit Salz und Pfeffer kräftig würzen und mit der Speisestärke bestäuben.

3. Das Butterschmalz und die Hähnchenwürfel in den Mikrowellen-RÖMERTOPF geben und das Fleisch im geschlossenen Topf bei 100 % Leistung 6–8 Minuten garen.

4. Die Zwiebel schälen, fein würfeln, die Paprikaschoten waschen, putzen, entkernen und in feine Streifen schneiden. Mit den Sojabohnenkeimlingen zum Fleisch geben.

5. Den Weißwein angießen, den Mikrowellen-RÖMERTOPF verschließen und das Ganze bei 75 % Leistung 15–20 Minuten garen.

6. Das Tomatenmark, den Honig, die Bratensoße miteinander vermischen und zum Gemüse geben.

7. Die Ananas in feine Würfel schneiden, die Ingwernüsse fein hacken und ebenfalls unter das Gemüse heben. Das Ganze mit Obstessig, Sojasoße und Gewürzpulver kräftig würzen.

8. Den Mikrowellen-RÖMERTOPF erneut verschließen und das Ganze bei 100 % Leistung 6–8 Minuten erhitzen.

9. Nach Ende der Garzeit die gehackten Mandeln unterheben, mit Salz, Pfeffer und Cayennpfeffer nochmals abschmecken und das Hähnchengeschnetzelte mit frisch geschnittenem Schnittlauch bestreut servieren.

(Farbtafel 8, siehe Seite 81)
Gesamtgarzeit:
etwa 33 Minuten

Truthahnschnitzel mit Kidneybohnen

Zutaten für 4 Personen

4 Truthahnschnitzel
Salz
Pfeffer aus der Mühle
1 Prise Cayennepfeffer
1 TL Paprikapulver
1 EL Butter oder Margarine
50 g durchwachsener
geräucherter Speck
1 Zwiebel
1 rote Paprikaschote
150 ml Geflügelbrühe
1 Dose Kidneybohnen
¼ l gebundene Bratensoße
2–3 EL Crème fraîche
1 TL Kräuter der Provence
2–3 EL Curryketchup
½ Bund Schnittlauch

So wird's gemacht

1. Die Truthahnschnitzel unter fließendem Wasser abwaschen und gut trockentupfen.
2. Die Schnitzel mit Salz, Pfeffer, Cayennepfeffer und Paprikapulver kräftig würzen.
3. Die Butter oder Margarine und den in feine Würfel geschnittenen Speck in den Mikrowellen-RÖMERTOPF geben und den Speck im geschlossenen Topf bei 100 % Leistung 2–3 Minuten garen.
4. Die Truthahnschnitzel zum Speck geben. Den Mikrowellen-RÖMERTOPF verschließen und das Fleisch bei 100 % Leistung 8–10 Minuten garen.
5. Die Zwiebel schälen, fein hacken, die Paprikaschote waschen, putzen, entkernen und in feine Streifen schneiden. Beides mit der Geflügelbrühe zum Fleisch geben.
6. Den Mikrowellen-RÖMERTOPF verschließen und das Ganze bei 75 % Leistung 15–20 Minuten garen.
7. Anschließend die Kidneybohnen mit der Bratensoße, der Crème fraîche, den Kräutern der Provence und dem Curryketchup vermischen und zum Fleisch geben.
8. Den Mikrowellen-RÖMERTOPF verschließen und das Ganze bei 100 % Leistung nochmals 6–10 Minuten erhitzen.
9. Nach Ende der Garzeit die Truthahnschnitzel anrichten, die Bohnen nochmals kräftig abschmecken, über das Fleisch verteilen und mit frisch geschnittenem Schnittlauch bestreut servieren.
Gesamtgarzeit: etwa 37 Minuten

Fischgerichte

Lübecker Aalragout

Zutaten für 4 Personen

1 Zwiebel
2 Karotten
1 Stück Stangensellerie
1 Stück Lauch
1 Glas Weißwein
1 Lorbeerblatt
1 Zweig Dill
2 EL Butter oder Margarine
100 g Pflaumen
1 säuerlicher Apfel
Saft von 1 Zitrone
¼ l Fischbrühe
600 g frischer Aal
einige Tropfen Zitronensaft
einige Tropfen Worcestersoße
einige Tropfen Obstessig
Salz
Pfeffer aus der Mühle
150 ml Sahne
1½ EL Speisestärke

So wird's gemacht

1. Die Zwiebel und die Karotten schälen, fein würfeln. Den Stangensellerie und den Lauch putzen, waschen, in feine Würfel schneiden. Das Gemüse mit dem Weißwein, dem Lorbeerblatt, dem Dill und der Butter oder Margarine in den Mikrowellen-RÖMERTOPF geben.
2. Den Topf verschließen, das Gemüse bei 100 % Leistung 8–12 Minuten garen.
3. Die Pflaumen waschen, halbieren und entsteinen. Den Apfel schälen, entkernen und in Würfel schneiden.
4. Die Früchte mit Zitronensaft beträufeln und zum Gemüse geben. Die Fischbrühe angießen und das Ganze im geschlossenen Topf bei 100 % Leistung 8–12 Minuten garen.
5. Den Aal unter fließendem Wasser abwaschen, trockentupfen, in mundgerechte Stücke schneiden, mit Zitronensaft, Worcestersoße und Obstessig beträufeln.
6. Die Fischstücke mit Salz und Pfeffer würzen, in den Gemüsesud geben, den Mikrowellen-RÖMERTOPF verschließen und das Ganze bei 75 % Leistung 10–15 Minuten garen.
7. Die Sahne mit der Speisestärke anrühren und das Aalragout damit binden.
8. Das Ragout nochmals kräftig abschmecken und sofort servieren.
**Gesamtgarzeit:
etwa 33 Minuten**

Apfelzander

Zutaten für 4 Personen

4 Zanderfilets à 200 g
einige Tropfen Zitronensaft
einige Tropfen Worcestersoße
Salz
Pfeffer aus der Mühle
4 EL gehackte Zitronenmelisse
2 EL Butter oder Margarine
1 Zwiebel
2 Karotten
1 Stück Stangensellerie
1 Schuß Weißwein
2 säuerliche Äpfel
einige Tropfen Zitronensaft
150 ml Apfelsaft
¼ l gebundene helle Soße
2 cl Apfelschnaps
2 EL Crème fraîche
einige Tropfen Obstessig
1 Prise Zucker

So wird's gemacht

1. Die Zanderfilets unter fließendem Wasser abwaschen, trockentupfen, mit Zitronensaft und Worcestersoße beträufeln.
2. Die Filets mit Salz und Pfeffer würzen und die Zitronenmelisse darüberstreuen.
3. Die Filets im Kühlschrank 10 Minuten ziehen lassen.
4. In der Zwischenzeit die Butter oder Margarine in den Mikrowellen-RÖMERTOPF geben.
5. Die Zwiebel, die Karotten, den Sellerie putzen, in feine Würfel schneiden und ins Fett geben.

6. Einen Schuß Weißwein dazugeben und das Gemüse im geschlossenen Topf bei 100 % Leistung 6–8 Minuten garen.
7. Die Äpfel schälen, entkernen, in Würfel schneiden und mit Zitronensaft beträufeln.
8. Die Äpfel zum Gemüse geben, mit dem Apfelsaft und der hellen Soße angießen.
9. Den Topf verschließen und das Ganze bei 100 % Leistung 6–8 Minuten erhitzen.
10. Den Apfelschnaps und die Crème fraîche unter die Soße ziehen.
11. Die Zanderfilets in die Soße geben und im geschlossenen Topf bei 75 % Leistung 10–15 Minuten garen.
12. Nach Ende der Garzeit die Soße mit Obstessig, Zucker, Salz und Pfeffer nochmals abschmecken. Die Zanderfilets mit der Soße servieren.
Gesamtgarzeit:
etwa 27 Minuten

87

Schleien im Sud

Zutaten für 4 Personen

4 mittelgroße küchenfertige Schleien

einige Tropfen Obstessig

einige Tropfen Zitronensaft

einige Tropfen Worcestersoße

Salz

Pfeffer aus der Mühle

einige Zweige Petersilie

einige Zweige Dill

Für den Sud:

2 EL Butter oder Margarine

1 Zwiebel

1 Stück Lauch

1 Stück Sellerie

einige Zweige Sellerielaub

1 Lorbeerblatt

einige Wacholderbeeren

einige Pfefferkörner

einige Nelken

1 Glas Weißwein

¾ l Fisch- oder Gemüsebrühe

75 ml Weinessig

4 EL gehackte Petersilie

So wird's gemacht

1. Die küchenfertigen Schleien unter fließendem Wasser abwaschen, mit Obstessig, Zitronensaft und Worcestersoße beträufeln.
2. Die Schleien innen und außen salzen und pfeffern und mit den gewaschenen Kräuterzweigen füllen. Im Kühlschrank mindestens 10 Minuten ziehen lassen.
3. In der Zwischenzeit die Butter oder Margarine in den Mikrowellen-RÖMERTOPF geben.
4. Die Zwiebel schälen und fein würfeln. Den Lauch, den Sellerie und das Sellerielaub putzen, waschen und klein schneiden. Das Gemüse ins Fett geben.
5. Das Lorbeerblatt, die Wacholderbeeren, die Pfefferkörner, die Nelken und den Weißwein dazugeben, den Mikrowellen-RÖMERTOPF verschließen und das Gemüse bei 100 % Leistung 8–12 Minuten garen.
6. Die Fisch- oder Gemüsebrühe und den Weinessig angießen und im geschlossenen Topf bei 100 % Leistung 5–8 Minuten erhitzen.
7. Die Schleien in den heißen Sud legen, den Mikrowellen-RÖMERTOPF verschließen und das Ganze bei 75 % Leistung 10–15 Minuten garen.
8. Nach Ende der Garzeit die Schleien anrichten, den Sud nochmals abschmecken, über die Schleien geben und mit Petersilie bestreut servieren.
**Gesamtgarzeit:
etwa 29 Minuten**

Goldbarschfilets in Safransoße

Zutaten für 4 Personen

4 Goldbarschfilets à 200 g
einige Tropfen Zitronensaft
einige Tropfen Worcestersoße
Salz
Pfeffer aus der Mühle
2 EL gehackter Dill
2 EL Butter oder Margarine
1 Zwiebel
1 Karotte
1 Stück Lauch
1 Lorbeerblatt
1 Glas Weißwein
¼ l gebundene helle Soße
2 EL Crème fraîche
1 Msp. Safran
1 Prise Zucker

So wird's gemacht

1. Die Goldbarschfilets unter fließendem Wasser abwaschen, trockentupfen, mit Zitronensaft und Worcestersoße beträufeln.
2. Die Goldbarschfilets mit Salz und Pfeffer würzen und mit Dill bestreuen. Im Kühlschrank mindestens 10 Minuten ziehen lassen.
3. In der Zwischenzeit die Butter oder Margarine in den Mikrowellen-RÖMERTOPF geben.
4. Die Zwiebel und die Karotte schälen, in feine Streifen schneiden. Den Lauch putzen, waschen und ebenfalls in feine Streifen schneiden.
5. Das Gemüse mit dem Lorbeerblatt und dem Weißwein in den Mikrowellen-RÖMERTOPF geben, den Topf verschließen und das Gemüse bei 100 % Leistung 5–8 Minuten garen.
6. Die helle Soße, die Crème fraîche und den Safran miteinander vermischen und zum Gemüse geben. Im geschlossenen Topf bei 100 % Leistung 5–8 Minuten erhitzen.
7. Die Goldbarschfilets in die Soße legen und im geschlossenen Mikrowellen-RÖMERTOPF bei 75 % Leistung 10–15 Minuten garen.
8. Nach Ende der Garzeit die Goldbarschfilets anrichten, die Soße mit Salz, Pfeffer und Zucker nochmals abschmekken, über die Fischfilets geben und servieren.

**Gesamtgarzeit:
etwa 19 Minuten**

Lachsscheiben mit Frühlingszwiebeln

Zutaten für 4 Personen

4 Lachsscheiben à 200 g
einige Tropfen Weinessig
einige Tropfen Zitronensaft
einige Tropfen Weinbrand
Salz
Pfeffer aus der Mühle
2 EL Butter oder Margarine
1 Zwiebel
1 Bund Frühlingszwiebeln
150 g frische Champignonköpfe
einige Tropfen Zitronensaft
1 Lorbeerblatt
1 Glas Weißwein
1 Dose geschälte Tomaten
2 EL Crème doûble
1 TL Oregano
1 TL Basilikum
1 Prise Speisewürze
2 EL gehackte Petersilie

So wird's gemacht

1. Die Lachsscheiben unter fließendem Wasser abwaschen und trockentupfen.

2. Mit Weinessig, Zitronensaft und Weinbrand beträufeln, mit Salz und Pfeffer würzen und im Kühlschrank 10 Minuten marinieren.

3. In der Zwischenzeit die Butter oder Margarine in den Mikrowellen-RÖMERTOPF geben.

4. Die Zwiebel und die Frühlingszwiebeln putzen und fein würfeln. Die Champignonköpfe putzen, waschen, gut abtropfen lassen und mit Zitronensaft beträufeln.

5. Das Gemüse mit dem Lorbeerblatt und dem Weißwein ins Fett geben.

6. Den Mikrowellen-RÖMERTOPF verschließen und das Gemüse bei 100 % Leistung 5–8 Minuten garen.

7. Die geschälten Tomaten durch ein Sieb streichen und zum Gemüse geben.

8. Die Crème doûble, den Oregano, das Basilikum und die Speisewürze unter die Soße ziehen.

9. Den Mikrowellen-RÖMERTOPF verschließen und das Ganze bei 100 % Leistung 5–8 Minuten erhitzen.

10. Die Lachsscheiben in die Soße legen und im geschlossenen Topf bei 75 % Leistung 10–15 Minuten garen.

11. Nach Ende der Garzeit die Lachsscheiben anrichten, die Soße nochmals abschmecken, zum Fisch geben und mit Petersilie bestreut servieren.

**Gesamtgarzeit:
etwa 26 Minuten**

Mailänder Fischgulasch

Zutaten für 4 Personen

200 g Kabeljaufilet
200 g Seebarschfilet
100 g Crevettenfleisch
100 g Muschelfleisch
Saft von 1 Zitrone
einige Tropfen Obstessig
Salz
Pfeffer aus der Mühle
2 EL Olivenöl
1 Knoblauchzehe
1 TL Salz
1 Zwiebel
1 rote Paprikaschote
1 kleiner Zucchino
1 kleine Aubergine
1 EL Salz
1 Schuß Rotwein
1 Dose geschälte Tomaten
300 ml gebundene Bratensoße
1 Prise Zucker
½ Bund Estragon

So wird's gemacht

1. Die Fischfilets unter fließendem Wasser abwaschen, trockentupfen und in mundgerechte Würfel schneiden.
2. Das Crevettenfleisch und das Muschelfleisch mit den Fischwürfeln vermischen, mit Zitronensaft und Obstessig beträufeln.
3. Mit Salz und Pfeffer würzen und im Kühlschrank 10 Minuten ziehen lassen.
4. In der Zwischenzeit das Olivenöl mit der mit Salz zerriebenen Knoblauchzehe in den Mikrowellen-RÖMERTOPF geben.
5. Die Zwiebel schälen und fein würfeln. Die Paprikaschote und den Zucchino putzen, waschen und in feine Würfel schneiden.
6. Die Aubergine putzen, waschen und ebenfalls in feine Würfel schneiden. Das Gemüse mit dem Rotwein in den Mikrowellen-RÖMERTOPF geben.
7. Den Topf verschließen und das Gemüse bei 100 % Leistung 5–8 Minuten garen.
8. Die geschälten Tomaten dazugeben und die Bratensoße angießen. Mit Salz, Pfeffer, Obstessig, Zitronensaft und Zucker würzen.
9. Den Mikrowellen-RÖMERTOPF verschließen und das Ganze bei 100 % Leistung 6–10 Minuten erhitzen.
10. Den Fisch mit den Crevetten und den Muscheln in den Gemüsesud geben. Den Topf verschließen und den Fisch bei 75 % Leistung 10–15 Minuten garen.
11. Nach Ende der Garzeit das Ganze nochmals abschmecken und den fein gehackten Estragon unterziehen und das Fischgulasch servieren.

**Gesamtgarzeit:
etwa 27 Minuten**

Fischterrine ›Marseille‹

Zutaten für 4 Personen

100 g Aalfilet
100 g Seezungenfilet
100 g Lachsfilet
100 g Goldbarschfilet
100 g Muschelfleisch
100g Crevettenfleisch
Saft von 1 Zitrone
einige Tropfen Worcestersoße
1 TL Kräuter der Provence
Salz
Pfeffer aus der Mühle
2 EL Butter oder Margarine
1 Zwiebel
1 Stück Lauch
1 kleine Fenchelknolle
1 Glas Weißwein
1 Dose geschälte Tomaten
½ l Fisch- oder Gemüsebrühe
einige Tropfen Pernot
½ Bund Zitronenmelisse

So wird's gemacht

1. Die Fischfilets unter fließendem Wasser abwaschen, trockentupfen und in kleine Würfel schneiden.

2. Mit dem Muschel- und dem Crevettenfleisch vermischen, mit Zitronensaft und Worcestersoße beträufeln.

3. Das Ganze mit Kräutern der Provence, Salz und Pfeffer bestreuen. In eine Schüssel geben und im Kühlschrank mindestens 10 Minuten ziehen lassen.

4. In der Zwischenzeit die Butter oder Margarine in den Mikrowellen-RÖMERTOPF geben.

5. Die Zwiebel schälen, fein würfeln. Den Lauch und die Fenchelknolle putzen, waschen und in feine Würfel schneiden.

6. Das Gemüse mit dem Weißwein zum Fett geben und im geschlossenen Mikrowellen-RÖMERTOPF bei 100 % Leistung 6–10 Minuten garen.

7. Die geschälten Tomaten dazugeben und die Fisch- oder Gemüsebrühe angießen. Im geschlossenen Topf bei 100 % Leistung 6–10 Minuten erhitzen.

8. Das Ganze mit Salz, Pfeffer und Pernot kräftig würzen und den Fisch hineingeben.

9. Den Mikrowellen-RÖMERTOPF verschließen und die Fischterrine bei 75 % Leistung 10–15 Minuten weitergaren.

10. Nach Ende der Garzeit nochmals abschmecken. Die verlesene, gewaschene und fein gehackte Zitronenmelisse unterziehen und die Fischterrine servieren.

Gesamtgarzeit: etwa 29 Minuten

Schollenfilets in Specksoße

Zutaten für 4 Personen

8 Schollenfilets à 100 g
einige Tropfen Zitronensaft
einige Tropfen Worcestersoße
Salz
Pfeffer aus der Mühle
1 EL Butter oder Margarine
100 g durchwachsener
geräucherter Speck
1 Zwiebel
1 Stück Lauch
1 rote Paprikaschote
1 grüne Paprikaschote
1 Schuß Weißwein
1 Dose geschälte Tomaten
300 ml gebundene Bratensoße
1 TL Majoran
1 TL Paprikapulver
1 Prise Cayennepfeffer
1 Prise Zucker
2–3 EL saure Sahne
½ Bund Schnittlauch

So wird's gemacht

1. Die Schollenfilets unter fließendem Wasser abwaschen und trockentupfen.
2. Die Filets mit Zitronensaft und Worcestersoße beträufeln, mit Salz und Pfeffer würzen und im Kühlschrank mindestens 10 Minuten ziehen lassen.
3. Die Butter oder Margarine mit dem in kleine Würfel geschnittenen Speck in den Mikrowellen-RÖMERTOPF geben. Den Topf verschließen und den Speck bei 100 % Leistung 2–4 Minuten auslassen.
4. Die Zwiebel schälen, fein würfeln. Den Lauch und die Paprikaschoten putzen, waschen, in feine Würfel schneiden. Das Gemüse mit dem Weißwein zum Speck geben, den Topf verschließen und das Gemüse bei 100 % Leistung 6–10 Minuten garen.
5. Die geschälten Tomaten mit der Bratensoße vermischen, mit Majoran, Paprikapulver, Cayennepfeffer, Zucker, Salz und Pfeffer kräftig würzen.
6. Die Soße zum Gemüse geben, den Topf verschließen und das Ganze bei 100 % Leistung 6–10 Minuten erhitzen.
7. Die Schollenfilets in die Soße legen und im geschlossenen Mikrowellen-RÖMERTOPF bei 75 % Leistung 8–12 Minuten garen.
8. Nach Ende der Garzeit die Schollenfilets anrichten, die saure Sahne und den fein geschnittenen Schnittlauch unter die Soße ziehen.
**Gesamtgarzeit:
etwa 29 Minuten**

Muscheln im Basilikumrahm

Zutaten für 4 Personen

500 g Muschelfleisch
einige Tropfen Zitronensaft
einige Tropfen Worcestersoße
2 EL Butter oder Margarine
1 Zwiebel
1 Schuß Weißwein
2 EL Tomatenmark
300 ml Fisch- oder Gemüsebrühe
1 Becher Sahne
1½ EL Speisestärke
½ Bund Basilikum
Salz
Pfeffer aus der Mühle
1 Prise Zucker
einige Tropfen Weinbrand
einige Kräuterzweige
zum Garnieren

So wird's gemacht

1. Das Muschelfleisch unter fließendem Wasser abwaschen, trockentupfen, mit Zitronensaft und Worcestersoße beträufeln und im Kühlschrank mindestens 15 Minuten ziehen lassen.
2. Die Butter oder die Margarine in den Mikrowellen-RÖMERTOPF geben.
3. Die Zwiebel schälen, fein hacken, mit dem Weißwein ins Fett geben und im geschlossenen Topf bei 100 % Leistung 4–6 Minuten garen.
4. Das Tomatenmark mit der Fisch- oder Gemüsebrühe verrühren und zu den Zwiebeln geben.

5. Die Sahne mit der Speisestärke anrühren und mit den Muscheln in den Mikrowellen-RÖMERTOPF geben.
6. Den Topf verschließen und das Ganze bei 100 % Leistung 6–10 Minuten erhitzen.
7. Nach Ende der Garzeit den verlesenen, gewaschenen und fein geschnittenen Basilikum unter die Soße ziehen.
8. Die Soße mit Salz, Pfeffer und Zucker kräftig würzen und mit Weinbrand aromatisieren.
9. Die Muscheln mit Kräuterzweigen garniert servieren.
Gesamtgarzeit:
etwa 13 Minuten

Rotbarschfilets mit Gemüse

Zutaten für 4 Personen

4 Rotbarschfilets à 200 g
einige Tropfen Zitronensaft
einige Tropfen Worcestersoße
Salz
Pfeffer aus der Mühle
4 EL gehackte Petersilie
2 EL Butter oder Margarine
1 Knoblauchzehe
2 TL Salz
1 Zwiebel
1 mittelgroßer Zucchino
100 g frische Champignons
4 kleine Tomaten
1 Schuß Weißwein
1 Becher Sahne
150 ml gebundene helle Soße
1 TL Oregano
1 TL Basilikum
2 EL Parmesankäse
einige Kräuterzweige
zum Garnieren

So wird's gemacht

1. Die Rotbarschfilets unter fließendem Wasser abwaschen, trockentupfen, mit Zitronensaft und Worcestersoße beträufeln.
2. Die Fischfilets mit Salz und Pfeffer würzen und mit der Petersilie bestreuen.
3. Die Butter oder Margarine mit der mit Salz zerriebenen Knoblauchzehe in den Mikrowellen-RÖMERTOPF geben.
4. Die Zwiebel schälen, fein hacken, mit dem geputzten und in Würfel geschnittenen Zucchino zum Fett geben.
5. Die Champignons putzen, waschen, gut abtropfen lassen und mit den gewaschenen und geviertelten Tomaten zum Gemüse geben.
6. Den Weißwein angießen, den Mikrowellen-RÖMER-TOPF verschließen und das Gemüse bei 100 % Leistung 6–10 Minuten garen.
7. Die Sahne mit der hellen Soße verrühren, mit Oregano und Basilikum würzen und den Parmesankäse unterziehen.
8. Die Soße zum Gemüse geben und das Ganze im geschlossenen Topf bei 100 % Leistung 5–8 Minuten erhitzen.
9. Die Fischfilets in die Soße geben, den Mikrowellen-RÖMERTOPF verschließen und den Fisch bei 75 % Leistung 8–12 Minuten garen. Nach Ende der Garzeit das Ganze nochmals abschmekken und mit Kräuterzweigen garniert servieren.

**Gesamtgarzeit:
etwa 27 Minuten**

Rezeptverzeichnis

Essen und Trinken

LKEN EXKLUSIV
chen in höchster Vollendung
s vier Elementen ist alles zusammen-
ügt (Theophrast). (4291) Von M. Wissing,
Kirsch, 160 S., 230 Farbfotos, Leinen
rägt mit Schutzumschlag, im Schuber,
4 98,–, S 784.– ●

is koche ich heute?
ue Rezepte für Fix-Gerichte. (0608) Von A.
delt-Vogt, 112 S., 16 Farbtafeln, kart. ●

chen für 1 Person
tionell wirtschaften, abwechslungsreich
d schmackhaft zubereiten. (0586) Von M.
colin, 136 S., 8 Farbtafeln, 23 Zeichnun-
n, kart. ●

**hnell und individuell
e raffinierte Single-Küche**
266) Von F. Faist, 160 S., 151 Farbfotos,
opband. ●●●

sunde Kost aus dem Römertopf
442) Von J. Kramer, 128 S., 8 Farbtafeln,
Zeichnungen, kart. ●

LKEN-FEINSCHMECKER
sta in Höchstform **Nudeln**
484) Von M. Kirsch, 64 S., 62 Farbfotos,
opband. ●

idelgerichte
ecker, locker, leicht zu kochen. (0466) Von
Stephan, 80 S., 8 Farbtafeln, kart. ●

LKEN-FEINSCHMECKER
Hülle und Fülle
steten und Terrinen
383) Von M. Kirsch, 48 S., 62 Farbfotos,
ppband. ●

LKEN-FEINSCHMECKER
ezialitäten unter knuspriger Decke
fläufe
382) Von C. Adam, 48 S., 33 Farbfotos,
ppband. ●

ntöpfe und Aufläufe
s Beste aus den Kochtöpfen der Welt
079) Von A. und G. Eckert, 64 S., 50 Farb-
os, Pappband. ●●

LKEN-FEINSCHMECKER
rzhaftes für Leib und Seele
ntöpfe
820) Von P. Klein, 48 S., 30 Farbfotos,
ppband. ●

hnell und gut gekocht
e tollsten Rezepte für den Schnellkochtopf.
265) Von J. Ley, 96 S., 8 Farbtafeln, kart. ●

chen und backen im Heißluftherd
rteile, Gebrauchsanleitung, Rezepte.
516) Von K. Kölner, 72 S., 8 Farbtafeln,
rt. ●

ubern mit der schnellen Welle
e neue Mikrowellenküche
289) Von F. Faist, 208 S., 188 Farbfotos,
ppband. ●●●

s neue Mikrowellen-Kochbuch
434) Von H. Neu, 64 S., 4 Farbtafeln,
s/w Zeichnungen, kart. ●

nz und gar mit Mikrowellen
094) Von T. Peters, 208 S., 24 Farbfotos,
Zeichnungen, kart. ●

FALKEN-FEINSCHMECKER
Schnell auf den Tisch gezaubert
Kochen mit Mikrowellen
(0818) Von A. Danner, 64 S., 52 Farbfotos,
Pappband. ●

Marmeladen, Gelees und Konfitüren
Köstlich wie zu Omas Zeiten – einfach
selbstgemacht. (0720) Von M. Gutta, 32 S.,
23 Farbfotos, 1 Zeichnung, Pappband. ●

Einkochen
nach allen Regeln der Kunst. (0405) Von
B. Müller, 128 S., 8 Farbtafeln, kart. ●

Einkochen, Einlegen, Einfrieren
(4055) Von B. Müller, 152 S., 27 s/w.-Abb.,
kart. ●●

Haltbarmachen in der Öko-Küche
Gesunde Konservierungsmethoden für Obst,
Gemüse, Kräuter und Pilze. (0932) Von
M. Bustorf-Hirsch, 120 S., 56 Farbfotos,
36 Farbzeichnungen. kart. ●●

FALKEN-FEINSCHMECKER
Goldbraun und knusprig
Fritierte Leckerbissen
(0868) Von F. Faist, 64 S., 47 Farbfotos,
Pappband. ●

Das neue Fritieren
geruchlos, schmackhaft und gesund. (0365)
Von P. Kühne, 96 S., 8 Farbtafeln, kart. ●

FALKEN-FEINSCHMECKER
Die Krönung der feinen Küche
Saucen
(0817) Von G. Cavestri, 48 S., 40 Farbfotos,
Pappband. ●

FALKEN-FEINSCHMECKER
Edler Kern in harter Schale
Meeresfrüchte
(0886) Von L. Grieser, 48 S., 52 Farbfotos,
Pappband. ●

FALKEN-FEINSCHMECKER
Von Tatar und falschen Hasen
Hackfleisch
(0866) Von A. und G. Eckert, 64 S., 42 Farbfotos, Pappband. ●

Mehr Freude und Erfolg beim Grillen
(4141) Von A. Berliner, 160 S., 147 Farbfotos,
10 farbige Zeichnungen, Pappband. ●●●

Grillen für Geniesser
Fleisch · Fisch · Beilagen · Soßen. (5001) Von
E. Fuhrmann, 64 S., 38 Farbfotos, Pappband.
●●

FALKEN-FEINSCHMECKER
Köstliches von Rost und Spieß
Grillen
(0931) Von A. Kalcher-Dähn, H. K. Kalcher,
64 S., 43 Farbfotos, Pappband. ●

Chinesisch kochen
mit dem Wok-Topf und dem Mongolen-Topf.
(0557) Von C. Korn, 64 S., 8 Farbtafeln, kart. ●

FALKEN-FEINSCHMECKER
Verheißungsvoll fernöstlich
Spezialitäten aus dem Wok
(0933) Von H. K. Jen, 64 S., 56 Farbfotos,
Pappband. ●

Schlemmerreise durch die
Chinesische Küche
(4184) Von K. H. Jen, 160 S., 117 Farbfotos,
Pappband. ●●●

Nordische Küche
Speisen und Getränke von der Küste. (5082)
Von J. Kürtz, 64 S., 44 Farbfotos, Pappband. ●●

Essen in Hessen
Spezialitäten zwischen Schwalm und Oden-
wald. (0837) Von R. Witt, 120 S.,
10 s/w-Zeichnungen, Pappband. ●●

Schlemmerreise durch die
Französische Küche
(4296) Von H. Imhof, 160 S., 147 Farbfotos, 3
s/w-Fotos, Pappband. ●●●

Französisch kochen
Eine kulinarische Reise durch Frankreich.
(5016) Von M. Gutta, 64 S., 35 Farbfotos,
Pappband. ●●

Französische Küche
(0685) Von M. Gutta, 96 S., 16 Farbtafeln,
kart. ●

**Französische Spezialitäten aus dem
Backofen**
Herzhafte Tartes und Quiches mit Fleisch,
Fisch, Gemüse und Käse
(5146) Von P. Klein, 64 S., 43 Farbfotos,
Pappband. ●●

FALKEN-FEINSCHMECKER
Aus lauter Lust und Liebe
Knoblauch
(0867) Von L. Reinirkens, 64 S., 45 Farbfotos, Pappband. ●

Kochen und würzen mit Knoblauch
(0725) Von A. und G. Eckert, 96 S., 8 Farbtafeln, kart. ●

Schlemmerreise durch die
Italienische Küche
(4172) Von V. Pifferi. 160 S., 109 Farbfotos,
Pappband. ●●●

**Pizza, Pasta und die feine italienische
Küche**
(4270) Von R. Rudatis, 120 S., 255 Farbfotos,
Pappband. ●●

Italienische Küche
Ein kulinarischer Streifzug mit regionalen
Spezialitäten. (5026) Von M. Gutta, 64 S.,
35 Farbfotos, Pappband. ●●

FALKEN-FEINSCHMECKER
Schlemmen wie bei Mamma Maria
Pizzas
(0815) Von F. Faist, 64 S., 62 Farbfotos, Pappband. ●

Köstliche Pilzgerichte
Tips und Rezepte für die häufigsten Pilzgat-
tungen. (5133) Von V. Spicker-Noack, M.
Knoop, 64 S., 52 Farbfotos, Pappband. ●●

Fondues
und fritierte Leckerbissen. (0471) Von
S. Stein, 96 S., 8 Farbtafeln, kart. ●

Fondues · Raclettes · Flambiertes
(4081) Von R. Peiler und M.-L. Schult, 136 S.,
15 Farbtafeln, 28 Zeichnungen, kart. ●

**Neue, raffinierte Rezepte mit dem
Raclette-Grill**
(0558) Von L. Helger, 56 S., 8 Farbtafeln,
kart. ●

**Rezepte rund um Raclette und
Doppeldecker**
(0420) Von J. W. Hochscheid, 72 S., 8 Farbtafeln, kart. ●

---

e hier vorgestellten Bücher, Videokassetten und Software sind in folgende Preisgruppen unterteilt:

Preisgruppe bis DM 10,–/S 79,–
● Preisgruppe über DM 10,– bis DM 20,–
S 80,– bis S 160,–

●●● Preisgruppe über DM 20,– bis DM 30,–
S 161,– bis S 240,–

●●●● Preisgruppe über DM 30,– bis DM 50,–
S 241,– bis S 400,–

●●●●● Preisgruppe über DM 50,–/S 401,–
*(unverbindliche Preisempfehlung)

e Preise entsprechen dem Status beim Druck dieses Verzeichnisses (s. Seite 1) – Änderungen, im besonderen der Preise, vorbehalten –

Fondues und Raclettes
(4253) Von F. Faist, 160 S., 125 Farbfotos, Pappband. ●●●

FALKEN-FEINSCHMECKER
Schmelzendes Käsevergnügen
Raclette
(0881) Von F. Faist, 48 S., 33 Farbfotos, Pappband. ●

Kulinarischer Feuerzauber
Flambieren
(4294) Von R. Wesseler, 120 S., 100 Farbfotos, Pappband. ●●●

Kochen und würzen mit
Paprika
(0792) Von A. und G. Eckert, 88 S., 8 Farbtafeln, kart. ●

Köstlichkeiten für Gäste und Feste
Kalte Platten
(4200) Von I. Pfliegner. 160 S., 130 Farbfotos, Pappband. ●●●

Kalte Happen und Partysnacks
Canapés, Sandwiches, Pastetchen, Salate und Suppen. (5029) Von D. Peters, 64 S., 44 Farbfotos, Pappband. ●●

Garnieren und Verzieren
(4236) Von R. Biller, 160 S., 329 Farbfotos, 57 Zeichnungen, Pappband. ●●●

Desserts
Puddings, Joghurts, Fruchtsalate, Eis, Gebäck, Getränke. (5020) Von M. Gutta, 64 S., 41 Farbfotos, Pappband. ●●

FALKEN-FEINSCHMECKER
Süße Verführungen
Desserts
(0885) Von M. Bacher, 64 S., 75 Farbfotos, Pappband. ●

FALKEN-FEINSCHMECKER
Süße Geheimnisse eiskalt gelüftet
Eis und Sorbets
(0870) Von H. W. Liebheit, 48 S., 38 Farbfotos, Pappband. ●

Crêpes, Omeletts und Soufflés
Pikante und süße Spezialitäten. (5131) Von J. Rosenkranz, 64 S., 45 Farbfotos, Pappband. ●

Kuchen und Torten
Die besten und beliebtesten Rezepte. (5067) Von M. Sauerborn, 64 S., 79 Farbfotos, Pappband. ●●

Tortenträume und Kuchenfantasien
Gebackene Köstlichkeiten originell dekoriert und verziert. (0823) Von F. Faist, 80 S., 150 Farbfotos, kart. ●●

Backen mit Lust und Liebe
(4284) Von M. Schumacher, R. Krake, 242 S., 348 Farbfotos, 18 farb. Vignetten, 3 vierseitige Ausklapptafeln, Pappband. ●●●●

Backen, was allen schmeckt
Kuchen, Torten, Gebäck und Brot. (4166) Von E. Blome, 556 S., 40 Farbtafeln, Pappband. ●●●

Meine Vollkornbackstube
Brot · Kuchen · Aufläufe. (0616) Von R. Raffelt, 96 S., 4 Farbtafeln, 12 Zeichnungen, kart. ●

FALKEN-FEINSCHMECKER
Knusprig, kernig, urgesund
Vollkornbrot
(0938) Von S. Reiter, 64 S., 56 Farbfotos, Pappband. ●

FALKEN-FEINSCHMECKER
Mit Körnern, Zimt und Mandelkern
Vollkorngebäck
(0816) Von M. Bustorf-Hirsch, 48 S., 39 Farbfotos, Pappband. ●

Biologisch Backen
Neue Rezeptideen für Kuchen, Brote, Kleingebäck aus vollem Korn. (4174) Von M. Bustorf-Hirsch, 136 S., 15 Farbtafeln, 47 Zeichnungen, kart. ●●

Selbst Brotbacken
Über 50 erprobte Rezepte. (0370) Von J. Schiermann, 80 S., 6 Zeichnungen, 4 Farbtafeln, kart. ●

Mehr Freude und Erfolg beim
Brotbacken
(4148) Von A. und G. Eckert, 160 S., 177 Farbfotos, Pappband. ●●●

Brotspezialitäten
knusprig backen – herzhaft kochen. (5088) Von J. W. Hochscheid, L. Helger, 64 S., 48 Farbfotos, Pappband. ●●

Weihnachtsbäckerei
Köstliche Plätzchen, Stollen, Honigkuchen und Festtagstorten. (0682) Von M. Sauerborn, 32 S., 34 Farbfotos, Pappband. ●

Waffeln
süß und pikant. (0522) Von C. Stephan, 64 S., 8 Farbtafeln, kart. ●

Alles mit Joghurt
tagfrisch selbstgemacht. Mit vielen Rezepten. (0382) Von G. Volz, 88 S., 8 Farbtafeln, kart. ●

Joghurt, Quark, Käse und Butter
Schmackhaftes aus Milch hausgemacht. (0739) Von M. Bustorf-Hirsch. 32 S., 59 Farbabb., Pappband. ●

FALKEN-FEINSCHMECKER
Raffiniert und gesund würzen
Kräuterküche
(0869) Von A. Görgens, 48 S., 43 Farbfotos, Pappband. ●

Miekes Kräuter- und Gewürzkochbuch
(0323) Von I. Persy, K. Mieke, 96 S., 8 Farbtafeln, kart. ●

Das köstliche knackige Schlemmervergnügen.
Salate
(4165) Von V. Müller. 160 S., 80 Farbfotos, Pappband. ●●●

FALKEN-FEINSCHMECKER
Frisch und leicht als Hauptgericht
Schlemmersalate
(0934) Von C. Adam, 64 S., 49 Farbfotos, Pappband. ●

111 köstliche Salate
Erprobte Rezepte mit Pfiff. (0222) Von C. Schönherr, 96 S., 8 Farbtafeln, 30 Zeichnungen, kart. ●

FALKEN-FEINSCHMECKER
Köstlich frisch auf den Tisch
Rohkostsalate
(0865) Von C. Adam, 48 S., 26 Farbfotos, Pappband. ●

Die abwechslungsreiche Vollwertküche
Vitaminreich und naturbelassen kochen und backen. (4229) Von M. Bustorf-Hirsch, K. Siegel, 280 S., 31 Farbtafeln, 78 Zeichnungen, Pappband. ●●●●

Die feine Vollwertküche
(4286) Von M. Bustorf-Hirsch, 160 S., 83 Farbfotos, Pappband. ●●●

Meine Vollkornküche
Herzhaftes von echtem Schrot und Korn (0858) Von S. Walz, 128 S., 8 Farbtafeln, kart. ●

FALKEN-FEINSCHMECKER
Dinkel, Hirse, Roggenkorn…
Kerniges aus der Getreideküche
(0932) Von S. Frank, 64 S., 49 Farbfotos, Pappband. ●

FALKEN-FEINSCHMECKER
Die verlockende Alternative
Süße Vollwertküche
(0936) Von A. Roßmeier, 64 S., 50 Farbfotos, Pappband. ●

FALKEN-FEINSCHMECKER
Die gesunde Art, sich zu verwöhnen
Vollwertküche für Singles
(0937) Von A. Görgens, 64 S., 43 Farbfotos, Pappband. ●

Alternativ essen
Die gesunde Sojaküche.
(0553) Von U. Kolster, 112 S., 8 Farbtafeln, kart. ●

Kochen mit Tofu
Die gesunde Alternative. (0894) Von U. Kolster, 80 S., 8 Farbtafeln, kart. ●

Das Reformhaus-Kochbuch
Gesunde Ernährung mit hochwertigen Naturprodukten. (4180) Von A. und G. Eckert, 160 S. 15 Farbtafeln, Pappband. ●

Gesund kochen mit Keimen und Sprossen
(0794) Von M. Bustorf-Hirsch, 104 S., 8 Farbtafeln, 13 s/w-Zeichnungen, kart. ●

Keime und Sprossen in der Naturküche
(4299) Von M. Bustorf-Hirsch, 96 S., 144 Farbfotos, Pappband. ●

Die feine Vegetarische Küche
(4235) Von F. Faist, 160 S., 191 Farbfotos, Pappband. ●

Biologische Ernährung
für eine natürliche und gesunde Lebensweise. (4125) Von G. Leibold, 136 S., 15 Farbtafeln, 47 Zeichnungen, kart. ●

Gesunde Ernährung für mein Kind
(0776) Von M. Bustorf-Hirsch, 96 S., 8 Farbtafeln, 5 s/w Zeichnungen, kart. ●

Vitaminreich und naturbelassen
Biologisch Kochen
(4162) Von M. Bustorf-Hirsch, K. Siegel, 144 S., 15 Farbtafeln, 31 Zeichnungen, kart. ●●

Gesund kochen
wasserarm · fettfrei · aromatisch. (4060) Von M. Gutta, 240 S., 16 Farbtafeln, Pappband. ●●●

Naturküche à la carte
(4406) Von M. Wissing, M. Kirsch, 160 S., 179 Farbfotos, Pappband. ●●●●

Würzig kochen ohne Salz
(0922) Von S. Roediger-Streubel, 160 S., 16 Farbtafeln, kart. ●●

Natursammlers Kuchbuch
Wildfrüchte und Gemüse, Pilze, Kräuter - finden und zubereiten. (4040) Von C. M. Kerler, 140 S., 12 Farbtafeln, kart. ●

Kräuter- und Heilpflanzen-Kochbuch
für eine gesunde Lebensweise. (4066) Von P. Pervenche, 143 S., 15 Farbtafeln. kart. ●●

Pralinen und Konfekt
Kleine Köstlichkeiten selbstgemacht. (0731) Von H. Engelke, 32 S., 57 Farbfotos, Pappband. ●

FALKEN-FEINSCHMECKER
Zart schmelzende Versuchungen
Schokolade
(0819) Von J. Schroer, 48 S., 53 Farbfotos, Pappband. ●

Die hier vorgestellten Bücher, Videokassetten und Software sind in folgende Preisgruppen unterteilt:

● Preisgruppe bis DM 10,–/S 79,–
●● Preisgruppe über DM 10,– bis DM 20,– S 80,– bis S 160,–
●●● Preisgruppe über DM 20,– bis DM 30,– S 161,– bis S 240,–
●●●● Preisgruppe über DM 30,– bis DM 50 S 241,– bis S 400,–
●●●●● Preisgruppe über DM 50,–/S 401,–
*(unverbindliche Preisempfehlung)

Die Preise entsprechen dem Status beim Druck dieses Verzeichnisses (s. Seite 1) – Änderungen, im besonderen der Preise, vorbehalten –

Das richtige Frühstück
Gesunde Vollwertkost vitaminreich und
naturbelassen. (0784) Von C. Kratzel, R. Böll,
32 S., 28 Farbfotos, Pappband. ●

Bocuse à la carte
Französisch kochen mit dem Meister.
(4237) Von P. Bocuse, 88 S., 218 Farbfotos,
Pappband. ●●

Kochschule mit Paul Bocuse
(6016) VHS, 60 Min. in Farbe. ●●●●●*

Der schön gedeckte Tisch
Vom einfachen Gedeck bis zur Festtafel stim-
mungsvoll und perfekt arrangiert.
(4246) Von H. Tapper, 112 S., 206 Farbabbildungen, 21 s/w-Abbildungen, Pappband.
●●●

Servietten dekorativ falten
Geschmackvolle Anregungen aus Stoff und
Papier. (0804) Von H. Tapper, 3T S., 134 Farb-
fotos, Pappband. ●

Cocktails
(4267) Von W. R. Hoffmann, W. Hubert,
U. Lottring, 160 S., 164 Farbfotos, 1 s/w-Foto,
Pappband. ●●●

Neue Cocktails und Drinks
mit und ohne Alkohol. (0517) Von S. Späth,
128 S., 4 Farbtafeln, kart. ●

Mixgetränke
mit und ohne Alkohol (5017) Von C. Arius,
64 S., 35 Farbfotos, Pappband. ●●

FALKEN-FEINSCHMECKER
Fruchtig, spritzig, eisgekühlt
Mixen ohne Alkohol
(0935) Von S. Späth, 64 S., 44 Farbfotos,
Pappband. ●●

Cocktails und Mixereien
für häusliche Feste und Feiern. (0075) Von
J. Walker, 96 S., 4 Farbtafeln, kart. ●

Die besten Punsche, Grogs und Bowlen
(0575) Von F. Dingden, 64 S., 4 Farbtafeln,
kart. ●

Weine und Säfte, Liköre und Sekt
selbstgemacht. (0702) Von P. Arauner,
232 S., 76 Abb., kart. ●●

Mitbringsel aus meiner Küche
selbst gemacht und liebevoll verpackt.
(0668) Von C. Schönherr, 32 S., 30 Farbfotos,
Pappband. ●

Weinlexikon
Wissenswertes über die Weine der Welt.
(4149) Von U. Keller, 228 S., 6 Farbtafeln,
395 s/w-Fotos, Pappband. ●●●

Heißgeliebter Tee
Sorten, Rezepte und Geschichten. (4114) Von
C. Maronde, 153 S., 16 Farbtafeln, 93 Zeich-
nungen, Pappband. ●●

Tee für Genießer.
Sorten · Riten · Rezepte. (0356) Von M. Nico-
lin, 64 S., 4 Farbtafeln, kart. ●

Tee
Herkunft · Mischungen · Rezepte. (0515) Von
S. Ruske, 96 S., 4 Farbtafeln, 16 s/w-Abbil-
dungen, Pappband. ●

Kinder lernen spielend backen
(5110) Von M. Gutta, 64 S., 45 Farbfotos,
Pappband. ●●

Kinder lernen spielend kochen
Lieblingsgerichte mit viel Spaß selbst zubereitet. (5096) Von M. Gutta, 64 S., 45 Farbfotos, Pappband. ●●

Komm, koch mit mir
Kunterbuntes Kochvergnügen für Kinder.
(4285) Von S. und H. Theilig, Illustrationen
von B. v. Hayek, 96 S., 48 Farbfotos,
350 Farb- und 1 s/w-Zeichnung, Pappband.
●●

Schlank werden nach Dr. Hay
Trennkost
Die bewährten Vollwert-Rezepte von Ursula
Summ. (4298) Von U. Summ, 96 S., 54 Farb-
tafeln, 1 Zeichnung, kart. ●●

Gesund leben – schlank werden mit der
Bio-Kur
(0657) Von S. Winter. 144 S., 4 Farbtafeln,
kart. ●

SLIM
Der neue, individuelle Schlankheitsplan
(4277) Von Prof. Dr. E. Menden, W. Aign.
120 S., 440 Farbfotos, Pappband. ●●●

Kalorien – Joule
Eiweiß · Fett · Kohlenhydrate tabellarisch
nach gebräuchlichen Mengen. (0374) Von
M. Bormio, 88 S., kart. ●

Vitamine und Ballaststoffe
So ermittle ich meinen täglichen Bedarf
(0746) Von Prof. Dr. M. Wagner, I. Bongartz.
96 S., 6 Farbabb., zahlreiche Tabellen, kart. ●

Hobby und Freizeit

Aquarellmalerei
als Kunst und Hobby. (4147) Von H. Haack,
B. Wersche, 136 S., 62 Farbfotos, 119 Zeichnungen, Pappband. ●●●●

Aquarellmalerei
Materialien · Techniken · Motive.
(5099) Von T. Hinz, 64 S., 79 Farbfotos,
Pappband. ●●

Hobby Aquarellmalen
Landschaft und Stilleben. (0876) Von
I. Schade, A. Brück, 80 S., 111 Farbabbildun-
gen, kart. ●●

Videokassette
Hobby Aquarellmalen
Landschaft und Stilleben (6022) VHS,
ca. 40 Min., in Farbe, ●●●●*

Aquarellmalerei leicht gelernt
Materialien · Techniken · Motive.
(0787) Von T. Hinz, R. Braun, B. Zeidler,
32 S., 38 Farbfotos, 1 Zeichnung, Pappband.
●

Aquarellieren auf Seide
Materialien · Techniken · Motive.
(0917) Von I. Demharter, 32 S., 41 Farbfotos,
Pappband. ●

Hobby Ölmalerei
Landschaft und Stilleben. (0875) Von
H. Kämper, I. Becker, 80 S., 93 Farbabb., kart. ●●

Videokassette
Hobby Ölmalerei
Landschaft und Stilleben (6025) VHS,
ca. 40 Min., in Farbe, ●●●●*

Falken-Handbuch
Zeichnen und Malen
(4167) Von B. Bagnall, 336 S., 1154 Farbabb.,
Pappband. ●●●●●

Das große farbige PLAKA-Buch
Malen und Basteln
(4402) Von H.-J. Giesecke, 192 S., 225 Farbfotos, 20 Farb- und 4 s/w- Zeichnungen,
Pappband. ●●●

Das große farbige
Bastelbuch für Kinder
(4254) Von U. Barff, I. Burkhardt, J. Maier.
224 S., 157 Farbfotos, 430 Farb- und 69 s/w-
Zeichnungen, Pappband. ●●●●

Punkt, Punkt, Komma, Strich
Zeichenstunden für Kinder. (0564) Von
H. Witzig, 144 S., über 250 Zeichnungen,
kart. ●

Einmal grad und einmal krumm
Zeichenstunden für Kinder. (0599) Von
H. Witzig, 144 S., 363 Abb. kart. ●

Naive Malerei
Materialien · Motive · Techniken. (5083) Von
F. Krettek, 64 S., 76 Farbfotos, Pappband.
●●

Bauernmalerei
als Kunst und Hobby. (4057) Von A. Gast,
H. Stegmüller, 128 S., 239 Farbfotos, 26 Riß-
Zeichnungen, Pappband. ●●●●

Hobby Bauernmalerei
(0436) Von S. Ramos und J. Roszak, 80 S.,
116 Farbfotos und 28 Motivvorlagen, kart.
●●

Bauernmalerei
Kreatives Hobby nach alter Volkskunst
(5039) Von S. Ramos, 64 S., 85 Farbfotos,
Pappband. ●●

Glasmalerei
als Kunst und Hobby. (4088) Von F. Krettek
und S. Beeh-Lustenberger, 132 S., 182 Farbfotos, 38 Motivvorlagen, Pappband. ●●●●

Naive Hinterglasmalerei
Materialien · Techniken · Bildvorlagen
(5145) Von F. Krettek, 64 S., 87 Farbfotos,
6 Zeichnungen, Pappband. ●●

Kalligraphie
Die Kunst des schönen Schreibens
(4263) Von C. Hartmann, 120 S., 44 Farbvor-
lagen, 29 s/w-Vorlagen, 2 s/w-Zeichnungen,
38 Farbfotos, Pappband. ●●●●

Seidenmalerei als Kunst und Hobby
(4264) Von S. Hahn, 136 S., 256 Farbfotos,
1 s/w-Foto, 34 Farbzeichnungen, Pappband.
●●●●

Kunstvolle Seidenmalerei
Mit zauberhaften Ideen zum Nachgestalten.
(0783) Von I. Demharter, 32 S., 56 Farbfotos,
Pappband. ●

Zauberhafte Seidenmalerei
Materialien · Techniken · Gestaltungsvorschläge. (0664) Von E. Dorn, 32 S.,
62 Farbfotos, Pappband. ●

Neue zauberhafte Seidenmalerei
Motive und Anregungen aus der Natur.
(0924) Von R. Henge, 80 S., 148 Farbfotos,
27 s/w-Zeichnungen, kart. ●●

Hobby Seidenmalerei
(0611) Von R. Henge, 88 S., 106 Farbfotos,
28 Zeichnungen, kart. ●●

Hobby Stoffdruck und Stoffmalerei
(0555) Von A. Ursin, 64 S., 68 Farbfotos,
68 Zeichnungen, kart. ●●

Stoffmalerei und Stoffdruck
Materialien · Techniken · Ideen · Modelle
(5074) Von H. Gehring, 64 S., 110 Farbfotos,
Pappband. ●●

Batik
leicht gemacht. Materialien ·Färbetechniken ·
Gestaltungsideen. (5112) Von A. Gast, 64 S.,
105 Farbfotos, Pappband. ●●

Kreatives Bilderweben
Materialien – Vorlagen – Motive
(0814) Von A. Schulte-Huxel, 32 S., 58 Farbfotos, 8 Zeichnungen, Pappband. ●

Hobby Applikationen
Materialien · Techniken · Modelle.
(0899) Von H. Probst-Reinhardt, 80 S., 92 Farbfotos, 31 Zeichnungen, kart. ●●

Flechten
mit Bast, Stroh und Peddigrohr. (5098) Von H. Hangleiter, 64 S., 47 Farbfotos, 76 Zeichnungen, Pappband. ●●

Falken-Handbuch
Nähen
Abc der Nähtechniken und kreative Modellschneiderei in ausführlichen Schritt-für-Schritt-Bildfolgen. (4272) Von A. Bree, 320 S., 1142 Abbildungen, Pappband. ●●●●

Falken-Handbuch
Häkeln
ABC der Häkeltechniken und Häkelmuster in ausführlichen Schritt-für-Schritt-Bildfolgen. (4194) Von H. Fuchs, M. Natter, 288 S., 597 Farbfotos, 476 farbige Zeichnungen. Pappband. ●●●●

Häkeln
Schritt für Schritt für Rechts- und Linkshänder. (5134) Von H. Klaus, 64 S., 120 Farbfotos, 144 Zeichnungen, Pappband. ●●

Monogrammstickerei
Mit Vorlagen für Initialen, Vignetten und Ornamente. (5148) Von H. Fuchs, 64 S., 50 Farbfotos, 50 Zeichnungen, Pappband. ●●

Falken-Handbuch
Stricken
ABC der Stricktechniken und Strickmuster in ausführlichen Schritt-für-Schritt-Bildfolgen. (4137) Von M. Natter, 312 S., 106 Farb- und 922 s/w-Fotos, 318 Zeichnungen, Pappband. ●●●●

Das moderne Standardwerk von der Expertin
Perfekt Stricken
Mit Sonderteil Häkeln. (4250) Von H. Jaacks, 256 S., 703 Farbfotos, 169 Farb- und 121 s/w-Zeichnungen, Pappband. ●●●

Videokassette Stricken
(6007) VHS. Von P. Krolikowski-Habicht, H. Jaacks, 51 Min., in Farbe. ●●●●*

Stricken
Schritt für Schritt für Rechts- und Linkshänder. (5142) Von S. Oelwein-Schefczik, 64 S., 148 Farbfotos, 173 Zeichnungen, Pappband. ●●

Die schönsten Handarbeiten zum Verschenken
(4225) Von B. Wenzelburger, 128 S., 156 Farbfotos, 70 zweifarbige Zeichnungen, Pappband. ●●●●

Kuscheltiere stricken und häkeln
Arbeitsanleitungen und Modelle. (0734) Von B. Wehrle, 32 S., 60 Farbfotos, 28 Zeichnungen, Spiralbindung. ●

Hobby Patchwork und Quilten
(0768) Von B. Staub-Wachsmuth, 80 S., 108 Farbabb., 43 Farbfotos, kart. ●●

Hobby Spitzencollagen
Bezaubernde Motive aus edlem Material. (0847) Von H. Westphal, 80 S., 186 Farbfotos, kart. ●●

Textiles Gestalten
Weben, Knüpfen, Batiken, Sticken, Objekte und Strukturen. (5123) Von J. Fricke, 136 S., 67 Farb- und 189 s/w-Fotos, 15 Zeichnungen, kart. ●●

Gestalten mit Glasperlen
fädeln · sticken · weben (0640) Von A. Köhler, 32 S., 55 Farbfotos, Spiralbindung. ●

Schmuck, Accessoires und Dekoratives
aus Fimo modelliert. (0873) Von A. Aurich, 32 S., 54 Farbfotos, Pappband. ●

Exklusiver Modeschmuck
aus dem eigenen Atelier
(0925) Von J. Niemeier, J. Klein, 80 S., 141 Farbfotos, 25 Zeichnungen, kart. ●●

Neue zauberhafte Salzteig-Ideen
(0719) Von I. Kiskalt, 80 S., 324 Farbfotos, 12 Zeichnungen, kart. ●●

Hobby Salzteig
(0662) Von I. Kiskalt, 80 S., 150 Farbfotos, 5 Zeichnungen, Schablonen, kart. ●●

Gestalten mit Salzteig
formen · bemalen · lackieren. (0613) Von W.-U. Cropp, 32 S., 56 Farbfotos, 17 Zeichnungen, Pappband. ●

Originell und dekorativ
Salzteig mit Naturmaterialien
(0833) Von A. und H. Wegener, 80 S., 166 Farbfotos, kart. ●●

Buntbemalte Kunstwerke aus Salzteig
Figuren, Landschaften und Wandbilder. (5141) Von G. Belli, 64 S., 165 Farbfotos, 1 Zeichnung, Pappband. ●●

Kreatives Gestalten mit Salzteig
Originelle Motive für Fortgeschrittene. (0769) Hrsg. I. Kiskalt, 80 S., 168 Farbfotos, kart. ●●

Videokassette Salzteig
(6010) VHS. Von I. Kiskalt, Dr. A. Teuchert, in Farbe, ca. 35 Min. ●●●●●*

Tiffany-Spiegel selbermachen
Materialien · Arbeitsanleitung · Vorlagen. (0761) Von R. Thomas, 32 S., 53 Farbfotos, Pappband. ●

Tiffany-Schmuck selbermachen
Materialien · Arbeitsanleitungen · Modelle. (0871) Von B. Poludniak, H. W. Scheib, 32 S., 54 Farbfotos, 3 Zeichnungen, Pappband. ●

Tiffany-Lampen selberbauen
Arbeitsanleitung · Materialien · Modelle. (0684) Von I. Spliethoff, 32 S., 60 Farbfotos, Pappband. ●

Hobby Glaskunst in Tiffany-Technik
(0781) Von N. Köppel, 80 S., 194 Farbfotos, 6 s/w-Abb., kart. ●●

Altes Brauchtum neu entdeckt
Schmuck-Eier
Kunstvoll gestalten und verzieren. (0919) Von I. Kiskalt, 32 S., 45 Farbfotos, 3 s/w-Zeichnungen, Pappband. ●

Origami –
Die Kunst des Papierfaltens. (0280) Von R. Harbin, 160 S., 633 Zeichnungen, kart. ●

Hobby Origami
Papierfalten für groß und klein. (0756) Von Z. Aytüre-Scheele, 88 S., über 800 Farbfotos, kart. ●●

Neue zauberhafte Origami-Ideen
Papierfalten für groß und klein. (0805) Von Z. Aytüre-Scheele, 80 S., 720 Farbfotos, kart. ●●

Weihnachtsbasteleien
(0667) Von M. Kühnle und S. Beck, 32 S., 56 Farbfotos, 6 Zeichnungen, Pappband. ●

Alle Jahre wieder…
Avent und Weihnachten
Basteln – Backen – Schmücken – Singen – Vorlesen – Feiern.
(4260) Von H. und V. Nadolny, 256 S., 105 Farbfotos, 130 Zeichnungen, Pappband. ●●●●

Bastelspaß mit der Laubsäge
Mit Schnittmusterbogen für viele Modelle in Originalgröße. (0741) Von S. Giesche, M. Bausch, 32 S., 61 Farbfotos, 7 Zeichnungen, Schnittmusterbogen, Pappband. ●

Strohschmuck selbstgebastelt
Sterne, Figuren und andere Dekorationen (0740) Von E. Rombach, 32 S., 60 Farbfotos, 17 Zeichnungen, Pappband. ●

Das Herbarium
Pflanzen sammeln, bestimmen und pressen. (5113) Von I. Gabriel, 96 S., 140 Farbfotos, Pappband. ●●

Gestalten mit Naturmaterialien
Zweige, Kerne, Federn, Muscheln und anderes. (5128) Von I. Krohn, 64 S., 101 Farbfotos, 11 farbige Zeichnungen, Pappband. ●●

Blütenbilder aus Blumen und Blättern
Phantasievolle Naturcollagen.
(0872) Von G. Schamp, 32 S., 57 Farbfotos, 1 Zeichnung, Pappband. ●

Dauergestecke
mit Zweigen, Trocken- und Schnittblumen. (5121) Von G. Vocke, 64 S., 57 Farbfotos, Pappband. ●●

Ikebana
Einführung in die japanische Kunst des Blumensteckens. (0548) Von G. Vocke, 152 S., 47 Farbfotos, kart. ●●

Hobby Trockenblumen
Gewürzsträuße, Gestecke, Kränze, Buketts. (0643) Von R. Strobel-Schulze, 88 S., 170 Farbfotos, kart. ●●

Hobby Gewürzsträuße
und zauberhafte Gebinde nach Salzburger Art. (0726) Von A. Ott, 80 S., 101 Farbfotos, 51 farbige Zeichnungen, kart. ●●

Trockenblumen und Gewürzsträuße
(5084) Von G. Vocke, 64 S., 63 Farbfotos, Pappband. ●●

Töpfern
als Kunst und Hobby. (4073) Von J. Fricke, 132 S., 37 Farbfotos, 222 s/w-Fotos, Pappband. ●●

Kreatives Gestalten mit Ton
Töpfern ohne Scheibe – Aufbaukeramik
(0896) Von A. Riedinger, 80 S., 207 Farbfotos, 16 Zeichnungen, 7 Vignetten, kart. ●●

Schöne Sachen modellieren
Originelles aus Cernit – ideenreich gestaltet. (0762) Von G. Thelen, 32 S., 105 Farbfotos, Pappband. ●

Porzellanpuppen
Zauberhafte alte Puppen selbst nachbilden. (5138) Von C. A. und D. Stanton, 64 S., 58 Farbfotos, 22 Zeichnungen, Pappband. ●●

Zauberhafte alte Puppen
Sammeln · Restaurieren · Nachbilden (4255) Von C. A. Stanton, J. Jacobs, 120 S., 157 Farbfotos, 24 Zeichnungen, Pappband. ●●●●

Stoffpuppen
Liebenswerte Modelle selbermachen.
(5150) Von I. Wolff, 56 S., 115 Farbfotos,
15 Zeichnungen, mit Schnittmusterbogen,
Pappband. ●●

Hobby Puppen
Bezaubernde Modelle selbst gestalten.
(0742) Von B. Wenzelburger, 88 S., 163 Farbfotos, 41 Zeichnungen, 11 Schnittmuster,
kart. ●

Selbstgestrickte Puppen
Materialien und Arbeitsanleitungen.
(0638) Von B. Wehrle, 32 S., 21 Farbfotos,
24 Zeichnungen, Pappband. ●

Dekorative Rupfenpuppen
Arbeitsanleitungen und Gestaltungsvorschläge. (0733) Von B. Wenzelburger, 32 S.,
57 Farbfotos, 14 Zeichnungen, Spiralbindung. ●

Phantasiepuppen stricken und häkeln
Märchenhafte Modelle mit Arbeitsanleitungen. (0813) Von B. Wehrle, 32 S., 26 Farbfotos, 30 einfarbige und 16 dreifarbige
Zeichnungen, Pappband. ●

Heißgeliebte Teddybären
Selbermachen · Sammeln · Restaurieren.
(0900) Von H. Nadolny, Y. Thalheim, 80 S.,
119 Farbfotos, 23 s/w-Zeichnungen, 14 S.
Schnittmusterbogen, kart. ●●

Schritt für Schritt zum Scherenschnitt
Materialien · Techniken · Gestaltungsvorschläge. (0732) Von H. Klingmüller, 32 S.,
38 Farbfotos, 34 Vorlagen, Pappband. ●

Hobby Drachen
bauen und steigen lassen. (0767) Von
W. Schimmelpfennig, 80 S., 1 dreiseitige
Ausklapptafel, 55 Farbfotos, 139 Zeichnungen, kart. ●●

Ferngelenkte Motorflugmodelle
bauen und fliegen. (0400) Von W. Thies,
184 S., mit Zeichnungen und Detailplänen,
kart. ●●

Flugmodelle
bauen und einfliegen. (0361) Von W. Thies
und W. Rolf, 160 S., 63 Abb., 7 Faltpläne,
kart. ●●

Kleine Welt auf Rädern
Das faszinierende Spiel mit **Modelleisenbahnen** (4175) Von F. Eisen, 256 S., 72 Farb-
und 180 s/w-Fotos, 25 Zeichnungen,
Pappband. ●●●

Anlagenbau in Modultechnik
für Modelleisenbahnen und Dioramen.
(0845) Von J. Thal, 104 S., 68 Farbfotos,
28 Zeichnungen, kart. ●●●
Videokassette
Die Modelleisenbahn
Anlagenbau in Modultechnik. Neue kreative
Gestaltung. Neue raffinierte Techniken.
(6028) VHS, von J. Grahn, 30 Min., in Farbe,
●●●●*

Schiffsmodelle
selber bauen. (0500) Von D. und R. Lochner,
200 S., 93 Farbfotos, 2 Faltpläne, kart.
●●

Ferngelenkte Segelflugmodelle
bauen und fliegen. (0446) Von W. Thies,
176 S., 22 s/w-Fotos, 115 Zeichnungen,
kart. ●●

Garagentore selbst bemalt
Techniken und Motive. (0786) Von H. und Y.
Nadolny, 32 S., 24 Farbfotos, 12 s/w-Zeichnungen, Pappband. ●

Falken Handbuch
Heimwerken
Reparieren und Selbermachen im Haus und
Wohnung - über 1100 Farbfotos. Praktische
Tips vom Profi: Selbermachen, Reparieren,
Renovieren, Kostensparen. (4117) Von Th.
Pochert, 440 S., 1103 Farbfotos, 100 ein- und
zweifarbige Abb., Pappband. ●●●●

Falken-Heimwerker-Praxis
Tapezieren
(0743) Von W. Nitschke, 112 S., 186 Farbfotos, 9 Zeichnungen, kart. ●●

Falken-Heimwerker-Praxis
Anstreichen und Lackieren
(0771) Von P. Müller, 120 S., 186 Farbfotos,
2 s/w Fotos, 3 Zeichnungen, kart. ●●

Falken-Heimwerker-Praxis
Fahrrad-Reparaturen
(0796) Von R. van der Plas, 112 S., 140 Farbfotos, 113 farbige Zeichnungen, kart. ●●

Falken-Heimwerker-Praxis
Kleinmöbel aus Holz
(0905) Von O. Maier, 128 S., 210 Farbfotos,
80 Zeichnungen, kart. ●●

Restaurieren von Möbeln
Stilkunde, Materialien, Techniken, Arbeitsanleitungen in Bildfolgen. (4120) Von
E. Schnaus-Lorey, 152 S., 37 Farbfotos,
75 s/w Fotos, 352 Zeichnungen, Pappband.
●●●●

Möbel aufarbeiten, reparieren und pflegen
(0386) Von E. Schnaus-Lorey, 96 S.,
28 Fotos, 101 Zeichnungen, kart. ●●

Feuerzeichen behaglicher Wohnkultur
Kachelöfen, Kamine und Kaminöfen
(4288) Von C. Berninghaus. Von
R. Heinen, G. Kosicek, H. P. Sabborrosch,
168 S., 291 Farbfotos, 2 s/w-Fotos, 8 Zeichnungen, Pappband. ●●●●●

Moderne Fotopraxis
(4401) Von G. Koshofer, Prof. H. Wedewardt,
224 S., 363 Farbfotos, 106 s/w-Fotos, 5 Farb-
und 24 s/w-Zeichnungen, Pappband. ●●●

Aktfotografie
Interpretationen zu einem unerschöpflichen
Thema. Gestaltung · Technik · Spezialeffekte.
(0737) Von H. Wedewardt, 88 S., 144 Farb-
und 6 s/w-Fotos, 6 Zeichnungen, kart. ●●
Videokassette
Aktfotografie
(6001) VHS, Laufzeit ca. 60 Min. in Farbe.
●●●●●*

So macht man bessere Fotos
Das meistverkaufte Fotobuch der Welt.
(0614) Von M. L. Taylor, 192 S., 457 Farbfotos, 15 Abb., kart. ●

Schmalfilmen
Ausrüstung · Aufnahmepraxis · Schnitt · Ton.
(0342) Von U. Ney, 108 S., 4 Farbtafeln,
25 s/w-Fotos, kart. ●

Schmalfilme selbst vertonen
(0593) Von U. Ney, 96 S., 57 s/w-Fotos,
14 Zeichnungen, kart. ●

Videografieren
Filmen mit Video 8. Technik – Bildgestaltung
– Schnitt – Vertonung. (0843) Von M. Wild,
K. Möller, 120 S., 101 Farbfotos, kart. ●●

Videokassette
Videografieren
Filmen mit Video 8. Technik – Bildgestaltung
– Schnitt – Vertonung. (6031) VHS, (6033)
Beta, (6034) Sony 8 mm, von M. Wild,
60 Min., in Farbe. ●●●●*

Mit vollem Genuß
Pfeife rauchen
Alles über Tabaksorten, Pfeifen und Zubehör.
(4227) Von H. Behrens, H. Frickert, 168 S.,
127 Farbfotos, 18 Zeichnungen, Pappband.
●●●●

Die Fazination der Philatelie
Briefmarken sammeln
(4273) Von D. Stein, 212 S., 124 s/w-Fotos,
24 Farbtafeln, Pappband. ●●●

Briefmarken
sammeln für Anfänger. (0481) Von D. Stein.
120 S., 4 Farbtafeln, 98 s/w-Abb., kart. ●

Münzen
Ein Brevier für Sammler. (0353) Von
E. Dehnke, 128 S., 4 Farbtafeln, 17 s/w-Abb.,
kart. ●●

Astronomie als Hobby
Sternbilder und Planeten erkennen und
benennen. (0572) Von D. Block, 176 S.,
16 Farbtafeln, 49 s/w-Fotos, 93 Zeichnungen, kart. ●●

Astronomie im Bild
Unser Sternenhimmel rund ums Jahr
(0849) Von Dr. E. Übelacker, 88 S., 48 Farbfotos, 1 s/w-Foto, 68 Farbzeichnungen, kart.
●

Freizeit mit dem Mikroskop
(0291) Von M. Deckart, 132 S., 8 Farbtafeln,
64 s/w-Abb., 2 Zeichnungen, kart. ●

Gitarre spielen
Ein Grundkurs für den Selbstunterricht.
(0534) Von A. Roßmann, 96 S., 1 Schallfolie,
150 Zeichnungen, kart. ●●●

Komm mit ins Land der Lieder
Das große Buch der Kinder-, Volks- und
Chorlieder. (4261) Hrsg. von H. Rauhe,
176 S., 146 Farbzeichnungen, Pappband.
●●●

Die schönsten Wander- und Fahrtenlieder
(0462) Hrsg. von F. R. Miller, empfohlen vom
Deutschen Sängerbund, 80 S., mit Noten
und Zeichnungen, kart. ●

Die schönsten Volkslieder
(0432) Hrsg. von D. Walther, 128 S., mit
Noten und Zeichnungen, kart. ●

Technik

Dampflokomotiven
(4204) Von W. Jopp, 96 S., 134 Farbfotos,
Pappband. ●●●

Die Super-Eisenbahnen der Welt
(4287) Von V. Kosak, H. G. Isenberg, 224 S.,
269 Farbfotos, 79 s/w-Fotos, 8 Vignetten,
5 farb. Ausklapptafeln, Pappband. ●●●●

Zivilflugzeuge
Vom Kleinflugzeug zum Überschall-Jet
(4218) Von R. J. Höhn, H. G. Isenberg, 96 S.,
115 Farbfotos, Pappband. ●●●

Trucks
Giganten der Landstraßen in aller Welt.
(4222) Von H. G. Isenberg, 96 S., 131 Farbfotos, Pappband. ●●●

Die Super-Trucks der Welt
(4257) Von H. G. Isenberg, 194 S., 205 Farbfotos, 87 s/w-Fotos, 7 Farbzeichnungen,
4 Ausklapptafeln, Pappband. ●●●●

Die hier vorgestellten Bücher, Videokassetten und Software sind in folgende Preisgruppen unterteilt:

●   Preisgruppe bis   DM 10,–/S 79,–
●● Preisgruppe über DM 10,– bis DM 20,–
               S 80,– bis S 160,–

●●● Preisgruppe über DM 20,– bis DM 30,–
         S 161,– bis S 240,–

●●●● Preisgruppe über DM 30,– bis DM 50,–
         S 241,– bis S 400,–
●●●●● Preisgruppe über DM 50,–/S 401,–
*(unverbindliche Preisempfehlung)

Die Preise entsprechen dem Status beim Druck dieses Verzeichnisses (s. Seite 1) – Änderungen, im besonderen der Preise, vorbehalten –

Falken-Verlag GmbH · Postfach 1120   **D-6272 Niedernhausen/Ts. · Tel.: 0 6127 / 70 20**   **5**

Die Super-Motorräder der Welt
(4193) Von H. G. Isenberg, 192 S., 170 Farb- und 100 s/w-Fotos, 8 Zeichnungen, Pappband. ●●●●

Motorrad-Hits
Chopper, Tribikes, Heiße Öfen. (4221) Von H. G. Isenberg, 96 S., 119 Farbfotos, Pappband. ●●●●

Motorrad-Faszination
Heiße Öfen, von denen jeder träumt. (4223) Von H. G. Isenberg, 96 S., 103 Farb- und 20 s/w-Fotos, Pappband. ●●●

Sport und Fitneß

ZDF Sportjahr '87
Rekorde, Siege, Schicksale, Ergebnisse, Termine '88
(4290) Hrsg. von B. Heller, 192 S., 275 Farb- und 4 s/w-Fotos, kart. ●●

Neue Lehrmethoden der Judo-Praxis
(0424) Von P. Herrmann, 223 S., 475 Abb., kart. ●●

Judo
Grundlagen – Methodik. (0305) Von M. Ohgo, 208 S., 1025 Fotos, kart. ●●

Fußwürfe
für Judo, Karate und Selbstverteidigung. (0439) Von H. Nishioka, 96 S., 260 Abb., kart. ●

Modernes Karate
Das große Standardwerk mit 2229 Abbildungen. (4280) Von T. Okazaki, Dr. med. M. V. Stricevic, übers. von M. Pabst, 376 S., 2279 Abbildungen, Pappband. ●●●●●

Karate für alle
Karate-Selbstverteidigung in Bildern. (0314) Von A. Pflüger, 112 S., 356 s/w-Fotos, kart. ●

Nakayamas Karate perfekt 1
Einführung. (0487) Von M. Nakayama, 136 S., 605 s/w-Fotos, kart. ●

Nakayamas Karate perfekt 2
Grundtechniken. (0512) Von M. Nakayama, 136 S., 354 s/w-Fotos, 53 Zeichnungen, kart. ●●

Nakayamas Karate perfekt 3
Kumite 1: Kampfübungen. (0538) Von M. Nakayama, 128 S., 424 s/w-Fotos, kart. ●●

Nakayamas Karate perfekt 4
Kumite 2: Kampfübungen. (0547) Von M. Nakayama, 128 S., 394 s/w-Fotos, kart. ●●

Nakayamas Karate perfekt 5
Kata 1: Heian, Tekki. (0571) Von M. Nakayama, 144 S., 1229 s/w-Fotos, kart. ●●

Nakayamas Karate perfekt 6
Kata 2: Bassai-Dai, Kanku-Dai, (0600) Von M. Nakayama, 144 S., 1300 s/w-Fotos, 107 Zeichnungen, kart. ●●

Nakayamas Karate perfekt 7
Kata 3: Jitte, Hangetsu, Empi. (0618) Von M. Nakayama, 144 S., 1988 s/w-Fotos, 105 Zeichnungen, kart. ●●

Nakayamas Karate perfekt 8
Gankaku, Jion. (0650) Von M. Nakayama, 144 S., 1174 s/w-Fotos, 99 Zeichnungen, kart. ●●

Kontakt-Karate
Ausrüstung · Technik · Training. (0396) Von A. Pflüger, 112 S., 238 Fotos, kart. ●●

Karate-Do
Das Handbuch des modernen Karate. (4028) Von A. Pflüger, 360 S., 1159 Abb., Pappband. ●●●●

Bo-Karate
Kukishin-Ryu – die Techniken des Stockkampfes. (0447) Von G. Stiebler, 176 S., 424 s/w-Fotos, 38 Zeichnungen, kart. ●●

Karate 1
Einführung · Grundtechniken. (0227) Von A. Pflüger, 148 S., 195 s/w-Fotos, 120 Zeichnungen, kart. ●

Karate 2
Kombinationstechniken · Katas. (0239) Von A. Pflüger, 176 S., 452 s/w-Fotos und Zeichnungen, kart. ●

Karate Kata 1
Heian 1-5, Tekki 1, Bassai Dai. (0683) Von W.-D. Wichmann, 164 S., 703 s/w-Fotos, kart. ●●

Karate Kata 2
Jion, Empi, Kanku-Dai, Hangetsu. (0723) Von W.-D. Wichmann, 140 S., 661 s/ w-Fotos, 4 Zeichnungen, kart. ●●

25 Shotokan-Katas
Auf einen Blick: Karate-Katas für Prüfungen und Wettkämpfe. (0859) Von A. Pflüger, 88 S., 185 s/w-Abbildungen, 26 ganzseitige Tafeln mit über 1.600 Einzelschritten. ●●

Videokassette
Karate
Einführung und Grundtechniken. (6037) VHS, Von A. Pflüger, ca. 45 Min., in Farbe, ●●●●●*

Ninja 1
Die Lehre der Schattenkämpfer. (0758) Von S. K. Hayes, 144 S., 137 s/w-Fotos, kart. ●●

Ninja 2
Die Wege zum Shoshin (0763) Von S. K. Hayes, 160 S., 309 s/w-Fotos, kart. ●●

Ninja 3
Der Pfad des Togakure-Kämpfers. (0764) Von S. K. Hayes, 144 S., 197 s/w-Fotos, 2 Zeichnungen, kart. ●●

Ninja 4
Das Vermächtnis der Schattenkämpfer. (0807) Von S. K. Hayes, 196 S., 466 s/w-Fotos, kart. ●●

Der König des Kung-Fu
Bruce Lee
Sein Leben und Kampf. (0392) Von L. Lee, 136 S., 104 s/w-Fotos, kart. ●●

Bruce Lees Kampfstil 1
Grundtechniken. (0473) Von B. Lee, M. Uyehara, 109 S., 220 Abb., kart. ●

Bruce Lees Kampfstil 2
Selbstverteidigungs-Techniken. (0486) Von B. Lee, M. Uyehara, 128 S., 310 Abb., kart. ●

Bruce Lees Kampfstil 3
Trainingslehre. (0503) Von B. Lee, M. Uyehara, 112 S., 246 Abb., kart. ●

Bruce Lees Kampfstil 4
Kampftechniken. (0523) Von B. Lee, M. Uyehara, 104 S., 211 Abb., kart. ●

Bruce Lees Jeet Kune Do
(0440) Von B. Lee, 192 S., mit 105 eigenhändigen Zeichnungen von B. Lee, kart. ●●

Ju-Jutsu 1
Grundtechniken – Moderne Selbstverteidigung. (0276) Von W. Heim, F. J. Gresch, 164 S., 450 s/w-Fotos, 8 Zeichnungen, kart. ●

Ju-Jutsu 2
für Fortgeschrittene und Meister. (0378) Von W. Heim, F. J. Gresch, 160 S., 798 s/w- Fotos, kart. ●●

Ju-Jutsu 3
Spezial-, Gegen- und Weiterführungs-Techniken. (0485) Von W. Heim, F. J. Gresch, 200 S., über 600 s/w-Fotos, kart. ●●

Ju-Jutsu als Wettkampf
(0826) Von G. Kulot, 168 S., 418 s/w-Fotos, 2 Zeichnungen, kart. ●●

Nunchaku
Waffe · Sport · Selbstverteidigung. (0373) Von A. Pflüger, 144 S., 247 Abb., kart. ●●

Shuriken · Tonfa · Sai
Stockfechten und andere bewaffnete Kampfsportarten aus Fernost. (0397) Von A. Schulz, 96 S., 253 s/w-Fotos, kart. ●●

Illustriertes Handbuch des Taekwondo
Koreanische Kampfkunst und Selbstverteidigung. (4053) Von K. Gil, 248 S., 1026 Abb., Pappband. ●●●

Taekwon-Do
Koreanischer Kampfsport. (0347) Von K. Gil, 152 S., 408 Abb., kart. ●●

Taekwondo perfekt 1
Die Formenschule bis zum Blaugurt. (0890) Von K. Gil, Kim Chul-Hwan, 176 S., 439 s/w-Fotos, 107 Zeichnungen, kart. ●●

Aikido
Lehren und Techniken des harmonischen Weges. (0537) Von R. Brand, 280 S., 697 Abb., kart. ●●

Kung-Fu und Tai-Chi
Grundlagen und Bewegungsabläufe. (0367) Von B. Tegner, 182 S., 370 s/w-Fotos, kart. ●●

Kung-Fu
Theorie und Praxis klassischer und moderner Stile. (0376) Von M. Pabst, 160 S., 330 Abb., kart. ●●

Shaolin-Kempo – Kung-Fu
Chinesisches Karate im Drachenstil. (0395) Von R. Czerni, K. Konrad. 246 S., 723 Abb., kart. ●●

Hap Ki Do
Grundlagen und Techniken koreanischer Selbstverteidigung. (0379) Von Kim Sou Bong, 112 S., 153 Abb., kart. ●●

Dynamische Tritte
Grundlagen für den Zweikampf. (0438) Von C. Lee, 96 S., 398 s/w-Fotos, 10 Zeichnungen, kart. ●

Kickboxen
Fitneßtraining und Wettkampfsport. (0795) Von G. Lemmens, 96 S., 208 s/w-Fotos, 23 Zeichnungen, kart. ●●

Selbstverteidigung
Abwehrtechniken für Sie und Ihn (0853) Von E. Deser, 96 S., 259 s/w-Fotos, kart. ●

Muskeltraining mit Hanteln
Leistungssteigerung für Sport und Fitness. (0676) Von H. Schulz, 108 S., 92 s/w-Fotos, 2 Zeichnungen, kart. ●

Leistungsfähiger durch Krafttraining
Eine Anleitung für Fitness-Sportler, Trainer und Athleten (0617) Von W. Kieser, 100 S., 20 s/w-Fotos, 62 Zeichnungen, kart. ●

Die Faszination athletischer Körper
Bodybuilding
mit Weltmeister Ralf Möller. (4281) Von R. Möller, 128 S., 169 Farbfotos, 14 s/w-Fotos, 1 Farbzeichnung, Pappband. ●●●●

Die hier vorgestellten Bücher, Videokassetten und Software sind in folgende Preisgruppen unterteilt:

● Preisgruppe bis DM 10,–/S 79,–
●● Preisgruppe über DM 10,– bis DM 20,– S 80,– bis S 160,–

●●● Preisgruppe über DM 20,– bis DM 30,– S 161,– bis S 240,–

●●●● Preisgruppe über DM 30,– bis DM 50,– S 241,– bis S 400,–
●●●●● Preisgruppe über DM 50,–/S 401,–
*(unverbindliche Preisempfehlung)

Die Preise entsprechen dem Status beim Druck dieses Verzeichnisses (s. Seite 1) – Änderungen, im besonderen der Preise, vorbehalten –

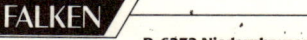

Bodybuilding
Anleitung zum Muskel- und Konditionstraining für sie und ihn. (0604) Von R. Smolana. 160 S., 171 s/w-Fotos, kart. ●

Hanteltraining zu Hause
(0800) Von W. Kieser, 80 S., 71 s/w-Fotos, 4 Zeichnungen, kart. ●

Fit und gesund
Körpertraining und Bodybuilding zu Hause. (0782) Von H. Schulz, 80 S., 100 Farbfotos, 3 Zeichnungen, kart. ●●

Videokassette
Fit und gesund
(6013) VHS, Laufzeit 30 Minuten, in Farbe.
●●●●*

Bodybuilding für Frauen
Wege zu Ihrer Idealfigur (0661) Von H. Schulz, 108 S., 84 s/w-Fotos, 4 Zeichnungen, kart. ●●

Bodyshaping · Bodybuilding
Mit Anja Albrecht zur Idealfigur. (4405) Von A. Albrecht, 128 S., 164 Farbfotos, 4 s/w-Fotos, 1 Farb- und 1 s/w-Zeichnung, Pappband. ●●●●

Optimale Ernährung
für Krafttraining und Budybuilding. (0912) Von B. Dahmen, 88 S., 8 Farbtafeln, 8 Zeichnungen, kart. ●

Top-Form im Sport
Ernährungs-Training
Das Erfolgsprogramm für den Ausdauersportler. (0945) Von M. Inzinger, Dipl.-Oec. troph. G. Wagner, 160 S., 31 Farbzeichnungen, 16 Grafiken, kart. ●●

Gesund und leistungsfähig durch Konditionsübungen, Fitneßtraining, Wirbelsäulengymnastik
(0844) Von R. Milser, K. Grafe, 104 S., 99 Farbfotos, 12 Farbzeichnungen, 5 s/w-Zeichnungen, kart. ●●

Stretching
Mit Dehnungsgymnastik zu Entspannung. Geschmeidigkeit und Wohlbefinden. (0717) Von H. Schulz, 80 S. 90 s/w-Fotos, kart. ●

Isometrisches Training
Übungen für Muskelkraft und Entspannung. (0529) Von L. M. Kirsch, 140 S., 162 s/w-Fotos, kart. ● .

Gesund und fit durch Gymnastik
(0366) Von H. Pilss-Samek, 132 S., 150 Abb., kart. ●

Spaß am Laufen
Jogging für die Gesundheit. (0470) Von W. Sonntag, 140 S., 41 s/w-Fotos, 1 Zeichnung, kart. ●

Mein bester Freund, der Fußball
(5107) Von D. Brüggemann, D. Albrecht, 144 S., 171 Abb., kart. ●●

Fußball
Training und Wettkampf. (0448) Von H. Obermann, P. Walz, 166 S., 92 s/w-Fotos, 15 Zeichnungen, 29 Diagramme, kart. ●●

Handball
Technik · Taktik · Regeln. (0426) Von F. und P. Hattig, 128 S., 91 s/w-Fotos, 121 Zeichnungen, kart. ●

Volleyball
Technik · Taktik · Regeln. (0351) Von H. Huhle, 104 S., 330 Abb., kart. ●

Badminton
Technik · Taktik · Training. (0699) Von K. Fuchs, L. Sologub, 168 S., 51 Abb., kart., ●●

Die neue Tennis-Praxis
Der individuelle Weg zu erfolgreichem Spiel. (4097) Von R. Schönborn, 240 S., 202 Farbzeichnungen, 31 s/w-Abb., Pappband.
●●●●

Erfolgreiche Tennis-Taktik
(4086) Von R. Ford Greene, übersetzt von M. R. Fischer, 182 S., 87 Abb., kart. ●●

Moderne Tennistechnik
(4187) Von G. Lam, 192 S., 339 s/w-Fotos, 91 Zeichnungen, kart. ●●●

Tennis
Technik · Taktik · Regeln. (0375) Von H. Elschenbroich, 112 S., 81 Abb., kart. ●

Tischtennis-Technik
Der individuelle Weg zu erfolgreichem Spiel. (0775) Von M. Perger, 144 S., 296 Abb. kart. ●●

Squash
Ausrüstung · Technik · Regeln. (0539) Von D. von Horn, H.-D. Stünitz, 96 S., 55 s/w-Fotos, 25 Zeichnungen, kart. ●

Golf
Ausrüstung · Technik · Regeln. (0343) Von J. C. Jessop, übersetzt von H. Biemer, mit einem Vorwort von H. Krings, Präsident des Deutschen Golf-Verbandes, 160 S., 65 Abb., Anhang Golfregeln des DGV, kart. ●●

Pool-Billard
(0484) Herausgegeben vom Deutschen Pool- Billard-Bund, von M. Bach, K.-W. Kühn, 104 S., mit über 64 Abb., kart. ●

Sportschießen
für jedermann. (0502) Von A. Kovacic, 124 S., 116 s/w-Fotos, kart. ●●

Fechten
Florett · Degen · Säbel. (0449) Von E. Beck, 88 S., 185 Fotos, 10 Zeichnungen, kart. ●●

Wir lernen tanzen
Standard- und lateinamerikanische Tänze. (0200) Von E. Fern, 168 S., 118 s/w-Fotos, 47 Zeichnungen, kart. ●●

So tanzt man Rock'n'Roll
Grundschritte · Figuren · Akrobatik. (0573) Von W. Steuer und G. Marz, 224 S., 303 Abb., kart. ●●

Tanzen überall
Discofox, Rock'n'Roll, Blues, Langsamer Walzer, Cha-Cha-Cha zum Selberlernen. (0760) Von H. M. Pritzer, 112 S., 128 Farbfotos, kart. ●●

Anmutig und fit durch Bauchtanz
(0911) Von Marta, 120 S., 229 Farbfotos, 6 s/w-Zeichnungen, kart. ●●

Fit mit Stretching
(2304) Von B. Kurz, 96 S., 255 Farbfotos, kart. ●●

Fit mit Tai Chi
als sanfte Körpererfahrung
(2305) Von B. u. K. Moegling, 112 S., 121 Farbfotos, 6 Farb- u. 4 s/w-Zeichnungen, kart. ●●

Fit mit Volleyball
(2302) Von Dr. A. Scherer, 104 S., 27 Farb- und 1 s/w-Foto, 12 Farb- und 29 s/w-Zeichnungen, kart. ●●

Fit mit Tanzen
(2303) Von K. Richter, H. Kleinow, 88 S., 94 Farbfotos, kart. ●●

Fit mit Karate
(2308) Von A. Pflüger, 96 S., 134 Farbfotos, 4 s/w-Zeichnungen, kart. ●●

Funboard-Surfen
Material · Technik · Regatten · Internationale Reviere. (4297) Von J. Evans, 144 S., 106 Farbfotos, 9 Farbzeichnungen, 68 zweifarbige und 5 s/w-Zeichnungen, kart. ●●●

Segeln
Der neue Grundschein – Vorstufe zum A-Schein – Mit Prüfungsfragen. (5147) Von C. Schmidt, 80 S., 8 Farbtafeln, 18 Farbfotos, 82 Zeichnungen, kart., ●●

Falken-Handbuch
Angeln
in Binnengewässern und im Meer. (4090) Von H. Oppel, 344 S., 24 Farbtafeln, 66 s/w-Fotos, 151 Zeichnungen, gebunden. ●●●●

Angeln
Kleine Fibel für den Sportfischer. (0198) Von E. Bondick, 96 S., 116 Abb., kart. ●

Sportfischen
Fische – Geräte – Techniken. (0324) Von H. Oppel, 144 S., 49 s/w-Fotos, 8 Farbtafeln, kart. ●

Sporttauchen
Theorie und Praxis des Gerätetauchens. (0647) Von S. Müßig, 144 S., 8 Farbtafeln, 35 s/w-Fotos, 89 Zeichnungen, kart. ●●

Ski-Gymnastik
Fit für Piste und Loipe. (0450) Von H. Pilss-Samek, 104 S., 67 s/w-Fotos, 20 Zeichnungen, kart. ●

Alpiner Skisport
Ausrüstung · Techniken · Skigymnastik. (5130) Von K. Meßmann, 128 S., 8 Farbtafeln, 93 s/ w-Fotos, 45 Zeichnungen, kart. ●

Skilanglauf, Skiwandern
Ausrüstung · Techniken · Skigymnastik. (5129) Von T. Reiter und R. Kerler, 80 S., 8 Farbtafeln, 85 Zeichnungen und s/w-Fotos, kart. ●

Eishockey
Lauf- und Stocktechnik, Körperspiel, Taktik, Ausrüstung und Regeln. (0414) Von J. Capla, 264 S., 548 s/w-Fotos, 163 Zeichnungen, kart. ●●

Fibel für Kegelfreunde
Sport- und Freizeitkegeln · Bowling. (0191) Von G. Bocsai, 72 S., 62 Abb., kart. ●

Beliebte und neue Kegelspiele
(0271) Von G. Bocsai, 92 S., 62 Abb., kart. ●

111 spannende Kegelspiele
(2031) Von H. Regulski, 88 S., 53 Zeichnungen, kart. ●

Schach

Einführung in das Schachspiel
(0104) Von W. Wollenschläger und K. Colditz, 92 S., 116 Diagramme, kart. ●

Falken-Handbuch Schach
(4051) Von T. Schuster, 360 S., über 340 Diagramme, gebunden. ●●●●

Spielend Schach lernen
(2002) Von T. Schuster, 128 S., kart. ●

Kinder- und Jugendschach
Offizielles Lehrbuch des Deutschen Schachbundes zur Erringung der Bauern-, Turm- und Königsdiplome. (0561) Von B. J. Withuis, H. Pfleger, 144 S., 220 Zeichnungen und Diagramme, kart. ●

Neue Schacheröffnungen
(0478) Von T. Schuster, 108 S., 100 Diagramme, kart. ●

Die hier vorgestellten Bücher, Videokassetten und Software sind in folgende Preisgruppen unterteilt:

● Preisgruppe bis DM 10,–/S 79,–
●● Preisgruppe über DM 10,– bis DM 20,– S 80,– bis S 160,–

●●● Preisgruppe über DM 20,– bis DM 30,– S 161,– bis S 240,–

●●●● Preisgruppe über DM 30,– bis DM 50,– S 241,– bis S 400,–
●●●●● Preisgruppe über DM 50,–/S 401,–
*(unverbindliche Preisempfehlung)

Die Preise entsprechen dem Status beim Druck dieses Verzeichnisses (s. Seite 1) – Änderungen, im besonderen der Preise, vorbehalten –

FALKEN

Schach für Fortgeschrittene
Taktik und Probleme des Schachspiels.
(0219) Von R. Teschner, 96 S., 85 Diagramme, kart. ●●

Taktische Schachendspiele
(0752) Von J. Nunn, 200 S., 151 Diagramme, kart. ●●

Die Schach-Revanche
Kasparow/Karpow 1986. (0831) Von O. Borik, H. Pfleger, M. Kipp-Thomas, 144 S., 19 s/w-Fotos, 72 Diagramme, kart. ●●

Schachstrategie
Ein Intensivkurs mit Übungen und ausführlichen Lösungen. (0584) Von A. Koblenz, dt. Bearb. von K. Colditz, 212 S., 240 Diagramme, kart. ●●

Schachtraining mit den Großmeistern
(0670) Von H. Bouwmeester, 128 S., 90 Diagramme, kart. ●●

Schach als Kampf
Meine Spiele und mein Weg. (0729) Von G. Kasparow, 144 S., 95 Diagramme, 9 s/w-Fotos, kart. ●●

Helmut Pflegers
Schachkabinett
Amüsante Aufgaben – überraschende Lösungen. (0877) Von H. Pfleger, 160 S., 118 Diagramme, kart. ●●

Die besten Partien deutscher Schachgroßmeister
(4121) Von H. Pfleger, 192 S., 29 s/w-Fotos, 89 Diagramme, Pappband. ●●●

Lehr-, Übungs- und Testbuch der Schachkombinationen
(0649) Von K. Colditz, 184 S., 227 Diagramme, kart. ●●

Die hohe Schule der
Schachkombination
(0920) Von W. Golz, P. Keres, 272 S., 322 Diagramme, Pappband. ●●

Offizielles Lehrbuch des Deutschen Schachbundes
Das systematische Schachtraining
Trainingsmethoden, Strategien und Kombinationen. (0857) Von Sergiu Samarian, 152 S., 159 Diagramme, 1 Zeichnung, kart. ●●

So denkt ein Schachmeister
Strategische und taktische Analysen. (0915) Von H. Pfleger, G. Treppner, 120 S., 75 Diagramme, kart. ●●

FALKEN-SOFTWARE
Das komplette Schachprogramm
Spielen, Trainieren, Problemlösen mit dem Computer. (7006) Von J. Egger, Diskette für C 64, C 128 PC, mit Begleitheft. ●●●●●*

**Zug um Zug
Schach für Jedermann 1**
Offizielles Lehrbuch des Deutschen Schachbundes zur Erringung des Bauerndiploms. (0648) Von H. Pfleger, E. Kurz, 80 S., 24 s/w-Fotos, 8 Zeichnungen, 60 Diagramme, kart. ●

**Zug um Zug
Schach für Jedermann 2**
Offizielles Lehrbuch des Deutschen Schachbundes zur Erringung des Turmdiploms. (0659) Von H. Pfleger, E. Kurz, 132 S., 8 s/w-Fotos, 14 Zeichnungen, 78 Diagramme, kart. ●

**Zug um Zug
Schach für Jedermann 3**
Offizielles Lehrbuch des Deutschen Schachbundes zur Erringung des Königdiploms. (0728) Von H. Pfleger, G. Treppner, 128 S., 4 s/w-Fotos, 84 Diagramme, 10 Zeichnungen, kart. ●●

**Zug um Zug
Schach für Jedermann 1**
(7015) Wendediskette für C 64/C 128 PC, mit Begleitheft. ●●●●*
(7005) Wendediskette für Atari ST 520/1040, mit Begleitheft. ●●●●●*

Schach mit dem Computer
(0747) Von D. Frickenschmidt, 140 S., 112 Diagramme, 29 s/w-Fotos, 5 Zeichnungen, kart. ●●

Spiele und Denksport

Kartenspiele
(2001) Von C. D. Grupp, 144 S., kart. ●

**Neues Buch der
siebzehn und vier Kartenspiele**
(0095) Von K. Lichtwitz, 96 S., kart. ●

Alles über Pokern
Regeln und Tricks. (2024) Von C. D. Grupp, 112 S., 29 Kartenbilder, kart. ●

Rommé und Canasta
in allen Variationen. (2025) Von C. D. Grupp, 124 S., 24 Zeichnungen, kart., ●

Schafkopf, Doppelkopf, Binokel, Cego, Gaigel, Jaß, Tarock und andere „Lokalspiele".
(2015) Von C. D. Grupp, 152 S., kart. ●●

Spielend Skat lernen
unter freundlicher Mitarbeit des Deutschen Skatverbandes. (2005) Von Th. Kruger, 156 S., 181 s/w-Fotos, 22 Zeichnungen, kart. ●

Das Skatspiel
Eine Fibel für Anfänger. (0206) Von K. Lehnhoff, überarb. von P. A. Höfges, 96 S., kart. ●

Black Jack
Regeln und Strategien des Kasinospiels. (2032) Von K. Kelbratowski, 88 S., kart. ●

Falken-Handbuch Patiencen
Die 111 interessantesten Auslagen. (4151) Von U. v. Lyncker, 216 S., 108 Abbildungen, Pappband. ●●●

Patiencen
in Wort und Bild. (2003) Von I. Wolter, 136 S., kart. ●

Neue Patiencen
(2036) Von H. Sosna, 160 S., 43 Farbtafeln, kart. ●●

Falken-Handbuch Bridge
Von den Grundregeln zum Turnierspiel. (4092) Von W. Voigt und K. Ritz, 280 S., 792 Zeichnungen, gebunden. ●●●●

Spielend Bridge lernen
(2012) Von J. Weiss, 108 S., 58 Zeichnungen, kart. ●

Spieltechnik im Bridge
(2004) Von V. Mollo und N. Gardener, deutsche Adaption von D. Schröder, 216 S., kart. ●●

Besser Bridge spielen
Reiztechnik, Spielverlauf und Gegenspiel. (2026) Von J. Weiss, 144 S., 60 Diagramme, kart. ●●

Herausforderung im Bridge
200 Aufgaben mit Lösungen. (2033) Von V. Mollo, 152 S., kart. ●●

Präzisions-Treff im Bridge
(2037) Von E. Jannersten, 152 S., kart. ●●

Kartentricks
(2010) Von T. A. Rosee, 80 S., 13 Zeichnungen, kart. ●

Mah-Jongg
Das chinesische Glücks-, Kombinations- und Gesellschaftsspiel. (2030) Von U. Eschenbach, 80 S., 30 s/w-Fotos, 5 Zeichnungen, kart. ●

Neue Kartentricks
(2027) Von K. Pankow, 104 S., 20 Abb., kart. ●

Backgammon
für Anfänger und Könner. (2008) Von G. W. Fink und G. Fuchs, 116 S., 41 Abb., kart. ●

Würfelspiele
für jung und alt. (2007) Von F. Pruss, 112 S., 21 s/w-Zeichnungen, kart. ●

Gesellschaftsspiele
für drinnen und draußen. (2006) Von H. Görz, 128 S., kart. ●

Spiele für Party und Familie
(2014) Von Rudi Carrell, 160 S., 50 Abb., kart. ●

Das japanische Brettspiel Go
(2020) Von W. Dörholt, 104 S., 182 Diagramme, kart. ●

Roulette richtig gespielt
Systemspiele, die Vermögen brachten. (0121) Von M. Jung, 96 S., zahlreiche Tabellen, kart. ●

Spielend Roulette lernen
(2034) Von E. P. Caspar, 152 S., 1 s/w-Foto, 45 Zeichnungen, kart. ●●

Gesellschaftsspiele
für drinnen und draußen. (2006) Von H. Görz, 128 S., kart. ●

Spiele für Party und Familie
(2014) Von Rudi Carrel, 160 S., 50 Abb. kart. ●

Neue Spiele für Ihre Party
(2022) Von G. Blechner, 120 S., 54 Zeichnungen, kart. ●

Lustige Tanzspiele und Scherztänze
für Partys und Feste. (0165) Von E. Bäulke, 80 S., 53 Abb., kart. ●

Straßenfeste, Flohmärkte und Basare
Praktische Tips für Organisation und Durchführung. (0592) Von H. Schuster, 96 S., 52 Fotos, 17 Zeichnungen, kart. ●●

Zaubertricks für jedermann
(0282) Von J. Merlin, 176 S., 113 Abb., kart. ●●

Zaubern
einfach - aber verblüffend. (2018) Von D. Bouch, 84 S., 41 Zeichnungen, kart. ●

Magische Zaubereien
(0672) Von Widenmann, 64 S., 31 Zeichnungen, kart. ●

Kinderspiele
die Spaß machen. (2009) Von H. Müller-Stein, 112 S., 28 Abb., kart. ●

Spiele für Kleinkinder
(2011) Von D. Kellermann, 80 S., 23 Abb., kart. ●

Spiel und Spaß am Krankenbett
für Kinder und die ganze Familie. (2035) Von H. Bücken, 104 S., 97 Zeichnungen, kart. ●

asperletheater
ieltexte und Spielanleitungen · Basteltips
r Theater und Puppen. (0641) Von U. Lietz,
6 S., 4 Farbtafeln, 12 s/w-Fotos, 39 Zeich-
ungen, kart. ●

nobeleien und Denksport
019) Von K. Rechberger, 142 S., 105 Zeich-
ungen, kart. ●

as Geheimnis der magischen Ringe
les über das Puzzle vom Würfel-Erfinder.
e schönsten Figuren.
878) Von Dr. Ch. Bandelow, 96 S.,
8 Zeichnungen, 8 Cartoons, kart. ●

uiz
ehr als 1500 ernste und heitere Fragen aus
en Gebieten. (0129) Von R. Sautter und
. Pröve, 92 S., 9 Zeichnungen, kart. ●

00 Rätsel selberraten
681) Von E. Krüger, 272 S., kart. ●

01 Rätsel selberraten
711) Von E. Krüger, 272 S., kart. ●

esen-Kreuzwort-Rätsel-Lexikon
er 250.000 Begriffe. (4197) Von H. Schie-
lbein, 1024 S., Pappband. ●●●

as Super-Kreuzwort-Rätsel-Lexikon
er 150.000 Begriffe. (4279) Von H. Schie-
lbein, 688 S., Pappband. ●●

uten Tag, Kinder!
eue Texte mit Spielanleitungen fürs
asperletheater. (0861) Von U. Lietz, 96 S.,
. s/w-Zeichnungen, kart. ●

ndergeburtstag
rbereitung, Spiel und Spaß. (0287) Von Dr.
Obrig, 136 S., 40 Abb., 11 Zeichnungen,
Lieder mit Noten, kart. ●

ndergeburtstag die keiner vergißt
anung, Gestaltung, Spielvorschläge.
698) Von G. und G. Zimmermann, 102 S.,
0 Vignetten, kart. ●

nderfeste
heim und in Gruppen. (4033) Von
Blechner, 240 S., 320 Abb., kart. ●●

cherzfragen, Drudel und Blödeleien
esammelt von Kindern. (0506) Hrsg. von W.
öve, 112 S., 57 Zeichnungen, kart. ●

Humor und Unterhaltung

eitere Vorträge und witzige Reden
achen, Witz und gute Laune. (0149) Von
Müller, 104 S., 44 Abb., kart. ●

eitere Vorträge
528) Von E. Müller, 128 S., 14 Zeichnun-
en, kart. ●

ie große Lachparade
eue Texte für heitere Vorträge und Ansa-
en. (0188) Von E. Müller, 80 S., kart. ●

o feiert man Feste fröhlicher
eitere Vorträge und Gedichte.
098) Von Dr. Allos, 96 S., 15 Abb., kart. ●

ustige Vorträge für fröhliche Feiern
284) Von K. Lehnhoff, 96 S., kart. ●

ergnügliches Vortragsbuch
091) Von J. Plaut, 192 S., kart. ●

umor und Stimmung
n heiteres Vortragsbuch. (0460) Von
. Wagner, 112 S., kart. ●

umor und gute Laune
n heiteres Vortragsbuch. (0635) Von
. Wagner, 112 S., 5 Zeichnungen, kart. ●

Gereimte Vorträge
für Bühne und Bütt. (0567) G. Wagner,
96 S., kart. ●

Damen in der Bütt
Scherze, Büttenreden, Sketche.
(0354) Von T. Müller, 136 S., kart. ●

Narren in der Bütt
Leckerbissen aus dem rheinischen Karneval.
(0216) Zusammengestellt von T. Lücker,
112 S., kart. ●

Rings um den Karneval
Karnevalsscherze und Büttenreden. (0130)
Von Dr. Allos, 144 S., 2 Zeichnungen, kart. ●●

Helau und Alaaf 1
Närrisches aus der Bütt.
(0304) Von E. Müller, 112 S., 4 Zeichnungen,
kart. ●

Helau und Alaaf 2
Neue Büttenreden.
(0477) Von E. Luft, 104 S., kart. ●

Helau und Alaaf 3
Neue Reden für die Bütt. (0832) Von
H. Fauser, 144 S., 13 Zeichnungen, kart. ●

Wir feiern Karneval
Festgestaltung und Reden für die närrische
Zeit. (0904) Von M. Zweigler, 120 S., 4 Zeich-
nungen, kart. ●

Tolle Sketche
mit zündenden Pointen – zum Nachspielen.
(0656) Von E. Cohrs, 112 S., kart. ●

Vergnügliche Sketche
(0476) Von H. Pillau, 96 S., 7 Zeichnungen,
kart. ●

Fidele Sketche und heitere Vorträge
Humor zum Nachspielen. (0157) Von
H. Ehnle. 96 S., kart. ●

Vorhang auf!
Neue Sketche für jung und alt.
(0898) Von H. Pillau, 96 S., 22 Zeichnungen,
kart. ●

Sketche und spielbare Witze
für bunte Abende und andere Feste. (0445)
Von H. Friedrich, 120 S., 7 Zeichnungen, kart.
●

Sketche
Kurzspiele zu amüsanter Unterhaltung.
(0247) Von M. Gering, 132 S., 16 Abb., kart.,
●

Witzige Sketche zum Nachspielen
(0511) Von D. Hallervorden, 160 S., kart. ●●

Sketche und Blackouts zum Nachspielen
(0941) Von E. Cohrs, 112 S., 12 Zeichnungen,
kart. ●

Locker vom Hocker
Witzige Sketche zum Nachspielen.
(4262) Von W. Giller, 144 S., 41 Zeichnungen, Pappband. ●●

Phantasievolles Schminken
Verzauberte Gesichter für Maskeraden,
Laienspiel und Kinderfeste. (0907) Hrsg. von
Y. u. H. Nadolny, 64 S., 227 Farbfotos, kart.
●●

**Die Kleidermotte ernährt sich von nichts,
sie frißt nur Löcher**
Stilblüten, Sprüche und Widersprüche aus
Schule, Zeitung, Rundfunk und Fernsehen.
(0738) Von P. Haas, D. Kroppach, 112 S.,
zahlreiche Abb. kart. ●

Da lacht das Publikum
Neue lustige Vorträge für viele Gelegenheiten. (0716) Von H. Schmalenbach, 104 S.,
kart. ●

Witzig, witzig
(0507) Von E. Müller, 128 S., 16 Zeichnungen, kart. ●

**Die besten Witze und Cartoons des
Jahres 1**
(0454) Hrsg. von K. Hartmann, 288 S.,
125 Zeichnungen, geb. ●●

**Die besten Witze und Cartoons des
Jahres 4**
(0579) Hrsg. von K. Hartmann, 288 S.,
140 Zeichnungen, Pappband. ●●

**Die besten Witze und Cartoons des
Jahres 5**
(0642) Hrsg. von K. Hartmann, 288 S.,
88 Zeichnungen, Pappband. ●●

**Die besten Witze und Cartoons des
Jahres 6**
(0916) Hrsg. von D. Kroppach, 288 S.,
84 Zeichnungen, Pappband. ●●

Das Superbuch der Witze
(4146) Von B. Bornheim, 504 S.,
54 Cartoons, Pappband. ●●●

Witze
Lachen am laufenden Band (4241) Von
J. Burkert, D. Kroppach, 400 S., 41 Zeich-
nungen, Pappband. ●●

Heller Wahnwitz
(0887) Von D. Kroppach, 220 S., 200 Vignetten, kart. ●

Spaßvögel
Über sexhundert komische Nummern.
(0888) Von E. Zeller, mit Limericks von
W. Müller, 220 S., 200 Vignetten, kart. ●

Total bescheuert
Kinder- und Schülerwitze.
(0889) Von G. Geßner und E. Zeller, 220 S.,
200 Vignetten, kart. ●

Die besten Beamtenwitze
(0574) Hrsg. von W. Pröve, 112 S., 59 Cartoons, kart. ●

Die besten Kalauer
(0705) Von K. Frank, 112 S., 12 Zeichnungen,
kart., ●

Robert Lembkes Witzauslese
(0325) Von Robert Lembke, 160 S., 10 Zeichnungen von E. Köhler, Pappband. ●●

Fred Metzlers Witze mit Pfiff
(0368) Von F. Metzler, 112 S., kart. ●

O frivol ist mir am Abend
Pikante Witze von Fred Metzler. (0388) Von
F. Metzler, 128 S., mit Karikaturen, kart. ●

Herrenwitze
(0589) Von G. Wilhelm, 112 S., 31 Zeichnungen, kart. ●

Witze am laufenden Band
(0461) Von F. Asmussen, 118 S., kart. ●

Horror zum Totlachen
Gruselwitze
(0536) Von F. Lautenschläger, 96 S.,
44 Zeichnungen, kart. ●

Die besten Ostfriesenwitze
(0495) Hrsg. von O. Freese, 80 S., 15 Zeichnungen, kart. ●

Olympische Witze
Sportlerwitze in Wort und Bild.
(0505) Von W. Willnat, 112 S., 126 Zeichnungen, kart. ●

**Ich lach mich kaputt! Die besten
Kinderwitze**
(0545) Von E. Hannemann, 128 S., 15 Zeichnungen, kart. ●

Lach mit!
Witze für Kinder, gesammelt von Kindern. (0468) Hrsg. von W. Pröve, 96 S., 17 Zeichnungen, kart. ●

Die besten Kinderwitze
(0757) Von K. Rank, 112 S., 28 Zeichnungen, kart. ●

Lustige Sketche für Jungen und Mädchen
Kurze Theaterstücke für Jungen und Mädchen. (0669) Von U. Lietz und U. Lange, 104 S., kart. ●

Spielbare Witze für Kinder
(0824) Von H. Schmalenbach, 128 S., 30 Zeichnungen, kart. ●

Garten, Tiere, Umwelt

Garten heute
Der moderne Ratgeber · Über 1000 Farbbilder. (4283) Von H. Jantra, 384 S., über 1000 Farbabbildungen, Pappband. ●●●●

Das Gartenjahr
Arbeitsplan für den Hobbygärtner. (4075) Von G. Bambach, 152 S., 16 Farbtafeln, 141 Abb., kart. ●●

Gärtner Gustavs Gartenkalender
Arbeitspläne · Pflanzenporträts · Gartenlexikon. (4155) Von G. Schoser, 120 S., 146 Farbfotos, 13 Tabellen, 203 farbige Zeichnungen, kart. ●●

Der richtige Schnitt von Obst- und Ziergehölzen, Rosen und Hecken
(0619) Von E. Zettl, 88 S., 8 Farbtafeln, 39 Zeichnungen, 21 s/w-Fotos, kart. ●

Blumenpracht im Garten
(5014) Von I. Manz, 64 S., 93 Farbfotos, Pappband. ●●

Blütenpracht in Haus und Garten
(4145) Von M. Haberer, u. a., 352 S., 1012 Farbfotos, Pappband. ●●●●

Sag's mit Blumen
Pflege und Arrangieren von Schnittblumen. (5103) Von P. Möhring, 64 S., 68 Farbfotos, 2 s/w-Abb., Pappband. ●●

Grabgestaltung
Bepflanzung und Pflege zu jeder Jahreszeit. (5120) Von N. Uhl, 64 S., 77 Farbfotos, 2 Zeichnungen, Pappband. ●●

Wintergärten
Das Erlebnis, mit der Natur zu wohnen. Planen, Bauen und Gestalten. (4256) Von LOG, ID, 136 S., 130 Farbfotos, 107 Zeichnungen, Pappband. ●●●●

Häuser in lebendigem Grün
Fassaden und Dächer mit Pflanzen gestalten. (0846) Von U. Mehl, K. Werk, 88 S., 116 Farbfotos, 4 Farb- und 17 s/w-Zeichnungen, kart. ●●

Rund ums Jahr erfolgreich gärtnern
Gewächshäuser
planen · bauen · einrichten · nutzen. (4408) Von Dr. G. Schoser, J. Wolff, 232 S., 315 Farbfotos, 5 s/w-Fotos, 53 Farbzeichnungen, Pappband. ●●●●●

Gartenteiche und Wasserspiele
planen, anlegen und pflegen. (4083) Von H. R. Sikora, 160 S., 31 Farb- und 31 s/w-Fotos, 73 Zeichnungen, Pappband. ●●●

Wasser im Garten
Von der Vogeltränke zum Naturteich – Natürliche Lebensräume selbst gestalten. (4230) Von H. Hendel, P. Keßeler, 240 S., 247 Farbfotos, 68 Farbzeichnungen, Pappband ●●●●●

Mein kleiner Gartenteich
planen – anlegen – pflegen (0851) Von I. Polaschek, 144 S., 85 Farbfotos, 10 Farbzeichnungen, kart. ●●

Leben im Naturgarten
Der Biogärtner und seine gesunde Umwelt. (4124) Von N. Jorek, 128 S., 68 s/w-Fotos, kart. ●●

So wird mein Garten zum Biogarten
Alles über die Umstellung auf naturgemäßen Anbau. (0706) Von I. Gabriel, 128 S., 73 Farbfotos, 54 Farbzeichnungen, kart. ●●

Gesunde Pflanzen im Biogarten
Biologische Maßnahmen bei Schädlingsbefall und Pflanzenkrankheiten. (0707) Von I. Gabriel, 128 S., 126 Farbfotos, 12 Farbzeichnungen, kart. ●●

Kosmische Einflüsse auf unsere Gartenpflanzen
Sterne beeinflussen Wachstum und Gesundheit der Pflanzen. (0708) Von I. Gabriel, 112 S., 57 Farbfotos, 43 Farbzeichnungen, kart. ●●

Der Biogarten unter Glas und Folie
Ganzjährig erfolgreich ernten. (0722) Von I. Gabriel, 128 S., 62 Farbfotos, 45 Farbzeichnungen, kart. ●●

Obst und Beeren im Biogarten
Gesunde und schmackhafte Früchte durch natürlichen Anbau. (0780) Von I. Gabriel, 128 S., 38 Farbfotos, 71 Farbzeichnungen, kart. ●●

Kräuter und Heilpflanzen im Biogarten
Gesunde Ernte durch natürlichen Anbau. (0929) Von I. Gabriel, 112 S., 63 Farbfotos, 19 Farbzeichnungen, kart. ●●

Neuanlage eines Biogartens
Planung, Bodenvorbereitung, Gestaltung. (0721) Von I. Gabriel, 128 S., 73 Farbfotos, 39 Zeichnungen, kart. ●●

Der biologische Zier- und Wohngarten
Planen, Vorbereiten, Bepflanzen und Pflegen. (0748) Von I. Gabriel, 128 S., 72 Farbfotos, 46 Farbzeichnungen, kart. ●●

Gemüse im Biogarten
Gesunde Ernte durch naturgemäßen Anbau. (0830) Von I. Gabriel, 128 S., 26 Farbfotos, 86 Farbzeichnungen, kart. ●●

Erfolgreich gärtnern
durch naturgemäßen Anbau. (4252) Von I. Gabriel, 416 S., 176 Farbfotos, 212 Farbzeichnungen, Pappband. ●●●

Das Bio-Gartenjahr
Arbeitsplan für naturgemäßes Gärtnern. (4169) Von N. Jorek, 128 S., 8 Farbtafeln, 70 s/w-Abb. kart. ●●

Selbstversorgung aus dem eigenen Anbau
Reichen Erntesegen verwerten und haltbar machen. (4182) Von M. Bustorf-Hirsch, M. Hirsch, 216 S., 270 Zeichnungen, Pappband. ●●●

Mischkultur im Nutzgarten
Mit Jahreskalender und Anbauplänen. (0651) Von H. Oppel, 112 S., 8 Farbtafeln, 23 s/w-Fotos, 29 Zeichnungen, kart. ●

Erfolgreich gärtnern mit
Frühbeet und Folie
(0828) Von Dr. Gustav Schoser, 88 S., 8 Farbtafeln, 46 s/w-Fotos, kart. ●

Erfolgstips für den Gemüsegarten
Mit naturgemäßem Anbau zu höherem Ertrag. (0674) Von F. Mühl, 80 S., 30 s/w-Fotos, 4 Zeichnungen, kart. ●

Erfolgstips für den Obstgarten
Gesunde Früchte durch richtige Sortenwahl und Pflege. (0827) Von F. Mühl, 184 S., 16 Farbtafeln, 33 Zeichnungen, kart. ●●

Erfolgstips für den Ziergarten
Schmuckpflanzen und Rasen richtig pflegen (0930) Von F. Mühl, 156 S., 12 Farbtafeln, 26 s/w-Zeichnungen, kart. ●●

Gemüse, Kräuter, Obst aus dem Balkongarten – Erfolgreich ernten auf kleinstem Raum. (0694) Von S. Stein, 32 S., 34 Farbfotos, 6 Zeichnungen, Spiralbindung, kart. ●

Keime, Sprossen, Küchenkräuter
am Fenster ziehen – rund ums Jahr. (0658) Von F. und H. Jantzen, 32 S., 55 Farbfotos, Pappband. ●

Balkons in Blütenpracht
zu allen Jahreszeiten. (5047) Von N. Uhl, 64 S., 80 Farbfotos, Pappband. ●●

Kletterpflanzen
Rankende Begrünung für Fassade, Balkon und Garten. (5140) Von M. Haberer, 64 S., Farbabb., 2 Zeichnungen, Pappband. ●●

Mein Kräutergarten rund ums Jahr
Täglich schnittfrisch und gesund würzen. (4192) Von Prof. Dr. G. Lysek, 136 S., 15 Farbtafeln, 91 Zeichnungen, kart. ●●

Blühende Zimmerpflanzen
94 Arten mit Pflegeanleitungen. (5010) Von R. Blaich, 64 S., 107 Farbfotos, Pappband. ●●

Prof. Stelzers grüne Sprechstunde
Gesunde Zimmerpflanzen
Krankheiten erkennen und behandeln · Mit neuem Diagnosesystem. (4274) Von Prof. D. G. Stelzer, 192 S., 410 Farbfotos, 10 s/w-Zeichnungen, Pappband. ●●●●

365 Erfolgstips für schöne Zimmerpflanzen
(0893) Von H. Jantra, 144 S., 215 Farbfotos, kart. ●●

Videokassette
Pflanzenjournal
Blumen- und Pflanzenpflege im Jahreslauf. (6036) VHS, ca. 30 Min., in Farbe, ●●●●*

Blütenpracht in Grolit 2000
Der neue, mühelose Weg zu farbenprächtigen Zimmerpflanzen. (5127) Von G. Vocke, 64 S., 50 Farbfotos, Pappband. ●●

Ziergräser
Über 100 Arten erfolgreich kultivieren. (0829) Von H. Jantra, 104 S., 73 Farbfotos, 6 Farbzeichnungen, kart. ●●

Bonsai
Japanische Miniaturbäume und Miniaturlandschaften. Anzucht, Gestaltung und Pflege. (4091) Von B. Lesniewicz, 160 S., 106 Farbfotos, 46 s/w-Fotos, 115 Zeichnungen, gebunden. ●●●●●

Zimmerbäume, Palmen und andere Blattpflanzen
Standort, Pflege, Vermehrung, Schädlinge. (5111) Von G. Schoser, 96 S., 98 Farbfotos, 7 Zeichnungen, Pappband. ●●

Die hier vorgestellten Bücher, Videokassetten und Software sind in folgende Preisgruppen unterteilt:

● Preisgruppe bis DM 10,–/S 79,–
●● Preisgruppe über DM 10,– bis DM 20,– S 80,– bis S 160,–

●●● Preisgruppe über DM 20,– bis DM 30,– S 161,– bis S 240,–

●●●● Preisgruppe über DM 30,– bis DM 50,– S 241,– bis S 400,–
●●●●● Preisgruppe über DM 50,–/S 401,– *(unverbindliche Preisempfehlung)

Die Preise entsprechen dem Status beim Druck dieses Verzeichnisses (s. Seite 1) – Änderungen, im besonderen der Preise, vorbehalten –

Biologisch zimmergärtnern
Zier- und Nutzpflanzen natürlich pflegen.
(4144) Von N. Jorek, 152 S., 15 Farbtafeln,
20 s/w-Fotos, Pappband. ●●

Zimmerpflanzen in Hydrokultur
Leitfaden für problemlose Blumenpflege.
(0660) Von H.-A. Rotter, 32 S., 76 Farbfotos,
7 farbige Zeichnungen, Pappband. ●●●

Kakteen und andere Sukkulenten
500 Arten mit über 500 Farbfotos. (4116)
Von G. Andersohn, 316 S., 520 Farbfotos,
93 Zeichnungen, Pappband. ●●●●

Fibel für Kakteenfreunde
(0199) Von H. Herold, 102 S., 23 Farbfotos,
17 s/w-Abb., kart. ●

Kakteen
Herkunft, Anzucht, Pflege, Arten. (5021) Von
W. Hoffmann, 64 S., 70 Farbfotos, Pappband.
●●

Faszinierende Formen und Farben
Kakteen
(4211) Von K. und F. Schild, 96 S., 127 Farbfotos, Pappband. ●●●

Falken-Handbuch **Orchideen**
Lebensraum, Kultur, Anzucht und Pflege.
(4231) Von G. Schoser, 144 S., 121 Farbfotos,
28 Farbzeichnungen, Pappband. ●●●

Vogelhäuschen, Nistkästen, Vogeltränken
mit Plänen und Anleitungen zum Selbstbau.
(0695) Von J. Zech 32 S., 42 Farbfotos,
6 Zeichnungen, Pappband. ●

Falken-Handbuch
Umweltschutz
Das Öko-Testbuch zur Eigeninitiative. (4160)
Von M. Häfner, 352 S., 411 Farbf., 152 Farb-
zeichnungen, Pappband. ●●●●

Pilze
Erkennen und benennen. (0380) Von J. Rai-
helhuber, 136 S., 110 Farbfotos, kart. ●●

Falken-Handbuch **Pilze**
Mit über 250 Farbfotos und Rezepten. (4061)
Von M. Knoop, 276 S., 250 Farbfotos,
Pappband. ●●●●

Speisepilze aus eigener Zucht
Anbau · Pflege · Zubereitung
(0909) Von U. Groos, 72 S., 8 Farbtafeln,
16 s/w-Zeichnungen, kart. ●

Grizimek Juniors BUNTE TIERWELT
(4295) Von Chr. Grizimek, 208 S., 308 Farbfotos, Pappband. ●●●

Falken-Handbuch **Katzen**
(4158) Von B. Gerber, 176 S., 294 Farb- und
38 s/w-Fotos, Pappband. ●●●●

Katzen
Rassen · Haltung · Pflege. (4216) Von
B. Eilert-Overbeck, 96 S., 82 Farbfotos, Papp-
band. ●●

Das neue Katzenbuch
Rassen – Aufzucht – Pflege. (0427) Von
B. Eilert-Overbeck, 136 S., 14 Farbfotos,
26 s/w-Fotos, kart. ●

Katzenkrankheiten
Erkennung und Behandlung. Steuerung des
Sexualverhaltens. (0652) Von Dr. med. vet.
R. Spangenberg, 176 S., 64 s/w-Fotos,
4 Zeichnungen, kart. ●

Falken-Handbuch **Hunde**
(4118) Von H. Bielfeld, 176 S., 222 Farb-
und 73 s/w-Abb., Pappband. ●●●●

Hunde
Rassen · Erziehung · Haltung. (4209) Von
H. Bielfeld, 96 S., 101 Farbfotos, Pappband.
●●●

Das neue Hundebuch
Rassen · Aufzucht · Pflege. (0009) Von
W. Busack, überarbeitet von Dr. med. vet.
A. H. Hacker und H. Bielfeld, 112 S., 8 Farb-
tafeln, 27 s/w-Fotos, 6 Zeichnungen, kart. ●

Falken-Handbuch
Der Deutsche Schäferhund
(4077) Von U. Förster, 228 S., 160 Abb.,
Pappband. ●●●

Der Deutsche Schäferhund
Aufzucht, Pflege und Ausbildung. (0073) Von
A. Hacker, 104 S., 56 Abb., kart. ●

Dackel, Teckel, Dachshund
Aufzucht · Pflege · Ausbildung. (0508) Von
M. Wein-Gysae, 112 S., 4 Farbtafeln, 43 s/w-
Fotos, 2 Zeichnungen, kart. ●

Hundeausbildung
Verhalten – Gehorsam – Abrichtung. (0346)
Von Prof. Dr. R. Menzel, 96 S., 18 Fotos, kart. ●

Grundausbildung für Gebrauchshunde
Schäferhund, Boxer, Rottweiler, Dobermann,
Riesenschnauzer, Airedaleterrier, Hovawart
und Bouvier. (0801) Von M. Schmidt und
W. Koch, 104 S., 8 Farbtafeln, 51 s/w-Fotos,
5 s/w-Zeichnungen, kart. ●

Hundekrankheiten
Erkennung und Behandlung, Steuerung des
Sexualverhaltens. (0570) Von Dr. med. vet.
R. Spangenberg, 128 S., 68 s/w-Fotos,
10 Zeichnungen, kart. ●

Falken-Handbuch **Pferde**
(4186) Von H. Werner, 176 S., 196 Farb-und
50 s/w-Fotos, 100 Zeichnungen, Pappband.
●●●●

Wellensittiche
Arten · Haltung · Pflege · Sprechunterricht ·
Zucht. (5136) Von H. Bielfeld, 64 S., 59 Farb-
fotos, Pappband. ●●

Papageien und Sittiche
Arten · Pflege · Sprechunterricht.
(0591) Von H. Bielfeld, 112 S., 8 Farbtafeln,
kart. ●

Geflügelhaltung als Hobby
(0749) Von M. Baumeister, H. Meyer, 184 S.,
8 Farbtafeln, 47 s/w-Fotos, 15 Zeichnungen,
kart. ●

Das Süßwasser-Aquarium
Einrichtung · Pflege · Fische · Pflanzen.
(0153) Von H. J. Mayland, 152 S., 16 Farbtafeln, 43 s/w-Zeichnungen, kart. ●●

Falken-Handbuch
Süßwasser-Aquarium
(4191) Von H. J. Mayland, 288 S., 564 Farbfotos, 75 Zeichnungen, Pappband. ●●●●

DIE TIERSPRECHSTUNDE
Tiere im Wassergarten
(0808) Von Dr. med. vet. E. M. Bartenschlager, 96 S., 84 Farbfotos, 7 Zeichnungen,
kart. ●

DIE TIERSPRECHSTUNDE
Sittiche und kleine Papageien
(0864) Von Dr. med. vet. E. M. Bartenschlager, 88 S., 84 Farbfotos, 9 Zeichnungen,
kart. ●

DIE TIERSPRECHSTUNDE
Junge Katzen
(0862) Von Dr. med. vet. E. M. Bartenschlager, 72 S., 40 Farbfotos, 4 Zeichnungen,
kart. ●

DIE TIERSPRECHSTUNDE
Alles über Igel in Natur und Garten
(0810) Von Dr. med. vet. E. M. Bartenschlager, 68 S., 51 Farbfotos, kart. ●

DIE TIERSPRECHSTUNDE
Alles über Meerschweinchen
(0809) Von Dr. med. vet. E. M. Bartenschlager, 72 S., 43 Farbfotos, 11 Farbzeichnungen,
kart. ●

DIE TIERSPRECHSTUNDE
Alles über junge Hunde
(0863) Von Dr. med. vet. E. M. Bartenschlager, 64 S., 49 Farbfotos, 6 Zeichnungen,
kart. ●

DIE TIERSPRECHSTUNDE
Richtige Hundeernährung
(0811) Von Dr. med. vet. E. M. Bartenschlager,
80 S., 51 Farbfotos, 4 Farbzeichnungen, kart. ●

Dinosaurier
und andere Tiere der Urzeit. (4219) Von
G. Alschner, 96 S., 81 Farbzeichnungen,
4 Fotos, Pappband. ●●●

Mensch und Gesundheit

Die Frau als Hausärztin
Der unentbehrliche Ratgeber für die Gesundheit. (4072) Von Dr. med. A. Fischer-Dückel-
mann, 808 S., 14 Farbtafeln, 146 s/w-Fotos,
203 Zeichnungen, Pappband. ●●

Dr. Reitners großes Gesundheitslexikon
Mit über 5000 Stichwörtern.
(4282) Von Dr. med. H.-J. Lewitzka-Reitner,
in Zusammenarbeit mit P. Janknecht und
U. Kannapinn, 504 S., 424 s/w-Abbildungen,
Pappband. ●●

Sexualberatung
(0402) Von Dr. M. Röhl, 168 S., 8 Farbtafeln,
17 Zeichnungen, Pappband. ●●

Die Kunst des Stillens
nach neuesten Erkenntnissen
(0701) Von Prof. Dr. med. E. Schmidt,
S. Brunn, 112 S., 20 Fotos und Zeichnungen,
kart. ●

Wenn Sie ein Kind bekommen
(4003) Von U. Klamroth, Dr. med. H. Oster,
240 S., 86 s/w-Fotos, 30 Zeichnungen, kart.
●●●

Der moderne Ratgeber
Wir werden Eltern
Schwangerschaft · Geburt · Erziehung des
Kleinkindes. (4269) Von B. Nees-Delaval,
376 S., 335 zweifarbige Abbildungen,
Pappband. ●●●

Vorbereitung auf die Geburt
Schwangerschaftsgymnastik, Atmung, Rück-
bildungsgymnastik. (0251) Von S. Buchholz,
112 S., 98 s/w-Fotos, kart. ●

Wie soll es heißen?
(0211) Von D. Köhr, 136 S., kart. ●

Das Babybuch
Pflege · Ernährung · Entwicklung. (0531) Von
A. Burkert, 128 S., 16 Farbtafeln,
38 s/w-Fotos, 30 Zeichnungen, kart. ●●

Wenn der Mensch zum Vater wird
Ein heiter-besinnlicher Ratgeber. (4259) Von
D. Zimmer, 160 S., 20 Zeichnungen,
Pappband. ●

Wenn Kinder krank werden
Medizinischer Ratgeber für Eltern.
(4240) Von Dr. med. I. J. Chasnoff, B. Nees-
Delaval, 232 S., 163 Zeichnungen, Pappband. ●●●

Psycho-Tests
– Erkennen Sich sich selbst. (0710) Von B. M. Nash, R. B. Monchick, 304 S., 81 Zeichnungen, kart. ●●

FALKEN-SOFTWARE
Ego-Tests
Sich und andere besser erkennen und verstehen. (7012) Diskette für IBM PC kompatible (MS DOS) mit Begleitheft. ●●●●●*

Frauenträume – Männerträume
und ihre Bedeutung. (4198) Von G. Senger, 272 S., mit Traumlexikon, Pappband. ●●●

Wie Sie im Schlaf das Leben meistern
Schöpferisch träumen
Der Klartraum als Lebenshilfe.
(4258) Von Prof. D. P. Tholey, K. Utecht. 256 S., 1 s/w-Foto, 20 Zeichnungen, Pappband. ●●●

So deutet man Träume
Die Bildersprache des Unbewußten. (0444) Von G. Haddenbach, 160 S., Pappband. ●

Bildatlas des menschlichen Körpers
(4177) Von G. Pogliani, V. Vannini, 112 S., 402 Farbabb. 28 s/w-Fotos, Pappband. ●●●

Ratgeber Aids
Entstehung, Ansteckung, Krankheitsbilder, Heilungschancen, Schutzmaßnahmen. (0803) Von B. Baartman, Vorwort von Dr. med. H. Jäger, 112 S., 8 Farbtafeln, 4 Grafiken, kart. ●●

Enzyme
Vitalstoffe für die Gesundheit. (0677) Von G. Leibold, 96 S., kart. ●

Heilfasten
(0713) Von G. Leibold, 108 S., kart. ●

Besser leben durch Fasten
(0841) Von G. Leibold, 100 S., kart. ●

Fastenkuren
Wege zur gesunden Lebensführung. Rezepte und Tips für die Nachfastenzeit. Kurzfasten · Saftfastenkuren · Fastenschalttage · Heilfasten. (4248) Von Ha. A. Mehler, H. Keppler, 144 S., 16 s/w-Fotos, 9 Zeichnungen, Pappband. ●●●

Aus dem Schatz der Naturmedizin
Heilkräuterkuren
(4268) Von Dr. med. E. Rauch, Dr. rer. nat. P. Kruletz, 144 S., 49 Zeichnungen, kart. ●●

Rheuma behandeln und lindern
Mit einem Vorwort von Dr. med. Max-Otto-Bruker. (0836) Von G. Leibold, 100 S., kart. ●

Die echte Schroth-Kur
(0797) Von Dr. med. R. Schroth, 88 S., 2 s/w-Fotos, kart. ●

Streß bewältigen durch Entspannung
(0834) Von Dr. med. Chr. Schenk, 88 S., 29 Zeichnungen, kart. ●

Gesundheit und Spannkraft durch Yoga
(0321) Von L. Frank und U. Ebbers, 112 S., 50 s/w-Fotos, kart. ●

Yoga für jeden
(0341) Von K. Zebroff, 156 S., 135 Abb., Spiralbindung. ●●●

Yoga für Schwangere
Der Weg zur sanften Geburt. (0777) Von V. Bolesta-Hahn, 108 S., 76 zweifarbige Abb. kart. ●

Yoga gegen Haltungsschäden und Rückenschmerzen
(0394) Von A. Raab, 104 S., 215 Abb., kart. ●

Bauch, Taille und Hüfte gezielt formen durch
Aktiv-Yoga
(0709) Von K. Zebroff, 112 S., 102 Farbfotos, kart. ●●

Hypnose und Autosuggestion
Methoden – Heilwirkungen – praktische Beispiele. (0483) Von G. Leibold, 120 S., 9 Illustrationen, kart. ●

Kneippkuren zu Hause
(0779) Von G. Leibold, 112 S., 25 Zeichnungen, kart. ●

Krebsangst und Krebs behandeln
Mit einem Vorwort von Prof. Dr. med. Friedrich Douwes. (0839) Von G. Leibold, 104 S., kart. ●

Allergien behandeln und lindern
Mit einem Vorwort von Prof. Dr. med. Axel Stemmann. (0840) Von G. Leibold, 104 S., 4 Zeichnungen, kart. ●

Besser sehen durch Augentraining
Ein Gesundheitsprogramm zur Verbesserung des Sehvermögens. (0914) Von K. Schutt, B. Rumpler, 96 S., 32 s/w-Zeichnungen, kart. ●

Darmleiden
Krankheitsbilder, Behandlung, Selbstbehandlung, Richtige Lebensführung und Ernährung. (0798) Von Dr. med. K. Steffens, 112 S., 46 Zeichnungen, kart. ●

Massage
(0750) Von B. Rumpler, K. Schutt, 112 S., 116 zweifarbige Zeichnungen, kart. ●●

Fußmassage
Reflexzonentherapie am Fuß (0714) Von G. Leibold, 96 S., 38 Zeichnungen, kart. ●

Rheuma und Gicht
Krankheitsbilder, Behandlung, Therapieverfahren, Selbstbehandlung, Richtige Lebensführung und Ernährung. (0712) Von Dr. J. Höder, J. Bandick, 104 S., kart. ●

Diabetes
Krankheitsbild, Therapie, Kontrollen, Schwangerschaft, Sport, Urlaub, Alltagsprobleme, Neueste Erkenntnisse der Diabetesforschung. (0895) Von Dr. med. H. J. Krönke, 120 S., 4 Farbtafeln, 14 s/w-Fotos, 13 s/w-Zeichnungen, kart. ●

Krampfadern
Ursachen, Vorbeugung, Selbstbehandlung, Therapieverfahren. (0727) Von Dr. med. K. Steffens, 96 S., 38 Abb., kart. ●

Gallenleiden
Krankheitsbilder, Behandlung, Therapieverfahren, Selbstbehandlung, Richtige Lebensführung und Ernährung. (0673) Von Dr. med. K. Steffens, 104 S., 34 Zeichnungen, kart. ●

Asthma
Pseudokrupp, Bronchitis und Lungenemphysem. (0778) Von Prof. Dr. med. W. Schmidt, 120 S., 56 Zeichnungen, kart. ●

Autogenes Training
Anwendung · Heilwirkungen · Methoden. (0541) Von R. Faller, 128 S., 3 Zeichnungen, kart. ●

Die fernöstliche Fingerdrucktherapie Shiatsu
Anleitungen zur Selbsthilfe – Heilwirkungen. (0615) Von G. Leibold, 196 S., 180 Abb., kart. ●●

Eigenbehandlung durch Akupressur
Heilwirkungen – Energielehre – Meridiane. (0417) Von G. Leibold, 152 S., 78 Abb., kart. ●

Chinesische Naturheilverfahren
Selbstbehandlung mit bewährten Methoden der physikalischen Therapie. Atemübungen · Heilgymnastik · Selbstmassage · Vorbeugen · Behandeln · Entspannen. (4247) Von F. T. Lie, 160 S., 292 zweifarbige Zeichnungen, Pappband. ●●●

Massagetechniken und Heilanzeigen
Reflexzonentherapie
(4404) Von G. Leibold, 128 S., 53 Farbzeichnungen, Pappband. ●●●

Chinesisches Schattenboxen
Tai-Ji-Quan
für geistige und körperliche Harmonie. (0850) Von F. T. Lie, 120 S., 221 s/w-Fotos, 9 s/w-Zeichnungen, Beilage: 1 s/w-Poster m zahlreichen Abbildungen, kart. ●●

Gesundheit durch altbewährte Kräuterrezepte und Hausmittel aus der
Natur-Apotheke
(4156) Von G. Leibold, 236 S., 8 Farbtafeln, 100 Zeichnungen, kart., ●●●

Heiltees und Kräuter für die Gesundheit
(4123) Von G. Leibold, 136 S., 15 Farbtafeln, 16 Zeichnungen, kart. ●●

Falken-Handbuch **Heilkräuter**
Modernes Lexikon der Pflanzen und Anwendungen (4076) Von G. Leibold, 392 S., 183 Farbfotos, 22 Zeichnungen, geb. ●●●●

Kochen für Diabetiker
Gesund und schmackhaft für die ganze Familie. (4132) Von M. Toeller, W. Schumacher, A. C. Groote, 224 S., 109 Farbfotos, 94 Zeichnungen, Pappband. ●●●

Neue Rezepte für Diabetiker-Diät
Vollwertig – abwechslungsreich - kalorienarm. (0418) Von M. Oehlrich, 120 S., 8 Farbtafeln, kart. ●

Diät bei Krankheiten des Magens und Zwölffingerdarms
Rezeptteil von B. Zöllner. (3201) Von Prof. Dr med. H. Kaess, 96 S., 35 Farbfotos, 1 s/w-Zeichnung, kart. ●●

Diät bei Herzkrankheiten und Bluthochdruck
Salzarme (natriumarme) Kost, Rezeptteil von B. Zöllner. (3202) Von Prof. Dr. med. H. Rottka, 92 S., 4 Farbtafeln, kart. ●●

Diät bei Erkrankungen der Nieren, Harnwege und bei Dialysebehandlung
Rezeptteil von B. Zöllner. (3203) Von Prof. Dr med. Dr. h. c. H. J. Sarre und Prof. Dr. med. R. Kluthe, 96 S., 33 Farbfotos, 1 s/w-Zeichnung, kart. ●●

Richtige Ernährung wenn man älter wird
Rezeptteil von B. Zöllner. (3204) Von Prof. Dr med. H.-J. Pusch. 96 S., 36 Farbfotos und 3 s/w-Zeichnungen, kart. ●●

Diät bei Gicht und Harnsäuresteinen
Rezeptteil von B. Zöllner. (3205) Von Prof. Dr med. N. Zöllner, 80 S., 4 Farbtafeln, kart. ●●

Diät bei Zuckerkrankheit
Rezeptteil von B. Zöllner. (3206) Von Prof. Dr med. P. Dieterle, 112 S., 42 Farbfotos, 4 vierfarbige Vignetten, 1 s/w-Zeichnung, kart. ●●

Diät bei Krankheiten der Gallenblase, Leber und Bauchspeicheldrüse
Rezeptteil von B. Zöllner. (3207) Von Prof. Dr med. H. Kasper, 88 S., 4 Farbtafeln, kart. ●●

Diät bei Störungen des Fettstoffwechsels und zur Vorbeugung der Arteriosklerose
Rezeptteil von B. Zöllner. (3208) Von Prof. Dr med. G. Wolfram und Dr. med. O. Adam, 104 S., 4 Farbtafeln, kart. ●●

Diät bei Übergewicht
Rezeptteil von B. Zöllner. (3209) Von Prof. Dr med. Ch. Keller, 104 S., 42 Farbfotos, 3 s/w-Zeichnungen, kart. ●●

Diät bei Darmkrankheiten
Durchfall – Divertikulose, Reizdarm und Darmträgheit – einheimische Sprue (Zöliakie) – Disaccharidasemangel – Dünndarmresektion – Dumping Syndrom. Rezeptteil von B. Zöllner. (3211) Von Prof. Dr. med. G. Strohmeyer, 88 S., 4 Farbtafeln, kart. ●●

Ballaststoffreiche Kost bei Funktionsstörungen des Darms
Rezeptteil von B. Zöllner. (3212) Von Prof. Dr. med. H. Kasper, 96 S., 34 Farbfotos, 1 s/w-Foto, kart. ●●

Rat und Wissen

Der gute Ton
Ein moderner Knigge. (0063) Von I. Wolter, 168 S., 38 Zeichnungen, 53 s/w-Fotos, kart. ●

Haushaltstips von A bis Z
(0759) Von A. Eder, 80 S., 30 Zeichnungen, kart. ●

Familienforschung · Ahnentafel · Wappenkunde
Wege zur eigenen Familienchronik. (0744) Von P. Bahn, 128 S., 8 Farbtafeln, 30 Abbildungen, kart. ●●

Die Kunst der freien Rede
Ein Intensivkurs mit vielen Übungen, Beispielen und Lösungen. (4189) Von G. Hirsch, 232 S., 11 Zeichnungen, Pappband ●

Reden zur Taufe, Kommunion und Konfirmation
(0751) Von G. Georg, 96 S., kart. ●

Der richtige Brief zu jedem Anlaß
Das moderne Handbuch mit 400 Musterbriefen. (4179) Von H. Kirst, 376 S., Pappband. ●●●

Wir heiraten
Ratgeber für Vorbereitung und Festgestaltung der Verlobung und Hochzeit. (4188) Von C. Poensgen, 216 S., 8 s/w-Fotos, 30 s/w-Zeichnungen, 8 Farbtafeln, Pappband. ●●●

Wir feiern Hochzeit
Festgestaltung – phantasievoll und modern. (0943) Von H. J. Winkler, 120 S., kart. ●

Von der Verlobung zur Goldenen Hochzeit
(0393) Von E. Ruge, 120 S., kart. ●

Reden zur Hochzeit
Musteransprachen für Hochzeitstage. (0654) Von G. Georg, 112 S., kart. ●

Glückwünsche, Toasts und Festreden zur Hochzeit.
(0264) Von I. Wolter, 128 S., 18 Zeichnungen, kart. ●

Hochzeits- und Bierzeitungen
Muster, Tips und Anregungen. (0288) Von H.-J. Winkler, mit vielen Text- und Gestaltungsanregungen, 116 S., 15 Abb., 1 Musterzeitung, kart. ●

Kindergedichte zur Grünen, Silbernen und Goldenen Hochzeit
(0318) Von H.-J. Winkler, 104 S., 20 Abb., kart. ●

Kindergedichte für Familienfeste
(0860) Von B. H. Bull, 96 S., 20 Zeichnungen, kart. ●

Die Silberhochzeit
Vorbereitung · Einladung · Geschenkvorschläge · Dekoration · Festablauf · Menüs · Reden · Glückwünsche. (0542) Von K. F. Merkle, 120 S., 41 Zeichnungen, kart. ●

Großes Buch der Glückwünsche
(0255) Hrsg. von O. Fuhrmann, 176 S., 77 Zeichnungen und viele Gestaltungsvorschläge, kart. ●

Herzliche Glückwünsche
Die schönsten Gedichte und Texte für viele Gelegenheiten. (0942) Hrsg. von B. H. Bull, 256 S., 50 Zeichnungen, Pappband. ●●

Neue Glückwunschfibel
für Groß und Klein. (0156) Von R. Christian-Hildebrandt, 96 S., kart. ●

Glückwunschverse für Kinder
(0277) Von B. Ulrici, 80 S., kart. ●

Die Redekunst
Rhetorik · Rednererfolg (0076) Von K. Wolter, überarbeitet von Dr. W. Tappe, 80 S., kart. ●

Reden und Ansprachen
für jeden Anlaß. (4009) Hrsg. von F. Sicker, 454 S., gebunden. ●●●●

Reden zum Jubiläum
Musteransprachen für viele Gelegenheiten (0595) Von G. Georg, 112 S., kart. ●

Reden zum Ruhestand
Musteransprachen zum Abschluß des Berufslebens (0790) Von G. Georg, 104 S., kart. ●

Reden und Sprüche zu Grundsteinlegung, Richtfest und Einzug
(0598) Von A. Bruder, G. Georg, 96 S., kart. ●

Reden zu Familienfesten
Musteransprachen für viele Gelegenheiten. (0675) Von G. Georg, 112 S., kart. ●

Reden zum Geburtstag
Musteransprachen für familiäre und offizielle Anlässe. (0773) Von G. Georg, 104 S., kart. ●

Festreden und Vereinsreden
Ansprachen für festliche Gelegenheiten. (0069) Von K. Lehnhoff, E. Ruge, 88 S., kart. ●

Reden im Verein
Musteransprachen für viele Gelegenheiten. (0703) Von G. Georg, 112 S., kart., ●

Programm und Publikum
Der schwierige Versuch einer Annäherung. Beiträge und Reden über das öffentlich-rechtliche Fernsehen. (0874) Von A. Schardt, 167 S., kart. ●

Trinksprüche
Fest- und Damenreden in Reimen. (0791) Von L. Metzner, 88 S., 14 s/w-Zeichnungen, kart. ●

Trinksprüche, Richtsprüche, Gästebuchverse
(0224) Von D. Kellermann, 80 S., kart. ●

Ins Gästebuch geschrieben
(0576) Von K. H. Trabeck, 96 S., 24 Zeichnungen, kart. ●

Poesiealbumverse
Heiteres und Besinnliches. (0578) Von A. Göttling, 112 S., 20 Zeichnungen, Pappband. ●●

Verse fürs Poesiealbum
(0241) Von I. Wolter, 96 S., 20 Abb., kart. ●

Rosen, Tulpen, Nelken . . .
Beliebte Verse fürs Poesiealbum
(0431) Von W. Pröve, 96 S., 11 Faksimile-Abb., kart. ●

Der Verseschmied
Kleiner Leitfaden für Hobbydichter. Mit Reimlexikon. (0597) Von T. Parisius, 96 S., 28 Zeichnungen, kart. ●

Moderne Korrespondenz
Handbuch für erfolgreiche Briefe. (4014) Von H. Kirst und W. Manekeller, 544 S., Pappband. ●●●●

Der neue Briefsteller
Musterbriefe für alle Gelegenheiten. (0060) Von I. Wolter-Rosendorf, 112 S., kart. ●

Geschäftliche Briefe
des Privatmanns, Handwerkers, Kaufmanns. (0041) Von A. Römer, 120 S., kart. ●

Behördenkorrespondenz
Musterbriefe ¬ Anträge – Einsprüche. (0412) Von E. Ruge, 120 S., kart. ●

Musterbriefe
für alle Gelegenheiten. (0231) Hrsg. von O. Fuhrmann, 240 S., kart. ●

Privatbriefe
Muster für alle Gelegenheiten. (0114) Von I. Wolter-Rosendorf, 132 S., kart. ●

Briefe zu Geburt und Taufe
Glückwünsche und Danksagungen. (0802) Von H. Beitz, 96 S., 12 Zeichnungen, kart. ●

Briefe zum Geburtstag
Glückwünsche und Danksagungen (0822) Von H. Beitz, 104 S., 22 Zeichnungen, kart. ●

Briefe zur Hochzeit
Glückwünsche und Danksagungen (0852) Von R. Röngen, 96 S., 1 Zeichnung, 39 Vignetten, kart. ●

Briefe der Liebe
Anregungen für gefühlvolle und zärtliche Worte. (0903) Hrsg. von H. Beitz, 96 S., 4 Zeichnungen, kart. ●

Erfolgstips für den Schriftverkehr
Briefwechsel leicht gemacht durch einfachen Stil und klaren Ausdruck. (0678) Von U. Schoenwald, 120 S., kart. ●

Worte und Briefe der Anteilnahme
(0464) Von E. Ruge, 128 S., mit vielen Abb., kart. ●

Reden in Trauerfällen
Musteransprachen für Beerdigungen und Trauerfeiern (0736) Von G. Georg, 104 S., kart. ●

In Anerkennung Ihrer . . .
Lob und Würdigung in Briefen und Reden
(0535) Von H. Friedrich, 136 S., kart. ●

Das große farbige Kinderlexikon
(4195) Von U. Kopp, 320 S., 493 Farbabb., 17 s/w-Fotos, Pappband. ●●●

ZDF · ORF · DRS
Kompaß Jugend-Lexikon
(4096) Von R. Kerler, J. Blum, 336 S., 766 Farbfotos, 39 s/w-Abb., Pappband. ●●●●

Elternsache Grundschule
(0692) Hrsg. von K. Meynersen, 324 S., kart. ●●●

Vom Urkrümel zum Atompilz
Evolution – Ursache und Ausweg aus der Krise. (4181) Von J. Voigt, 188 S., 20 Farb- und 70 s/w-Fotos, 32 Zeichnungen, kart. ●●

Neues Denken – alte Geister
New Age unter der Lupe. (4278) Von G. Myrell, Dr. W. Schmandt, J. Voigt, 176 S., 54 Farbfotos, 3 Zeichnungen, kart. ●●

Schülerlexikon der Mathematik
Formeln, Übungen und Begriffserklärungen für die Klassen 5–10. (0430) Von R. Müller, 176 S., 96 Zeichnungen, kart. ●

Mathematik verständlich
Zahlenbereiche Mengenlehre, Algebra, Geometrie, Wahrscheinlichkeitsrechnung, Kaufmännisches Rechnen. (4135) Von R. Müller, 652 S., 10 s/w- und 109 Farbfotos, 802 farbige und 79 s/w-Zeichnungen, über 2500 Beispiele und Übungen mit Lösungen, Pappband. ●●●●●

Mathematische Formeln für Schule und Beruf
Mit Beispielen und Erklärungen. (0499) Von R. Müller, 156 S., 210 Zeichnungen, kart. ●

Rechnen aufgefrischt
für Schule und Beruf. (0100) Von H. Rausch, 144 S., kart. ●

Physik verständlich
Förderkurs für die Klassen 7 bis 10 (0926) Von Dr. Th. Neubert, 136 S., 146 s/w-Zeichnungen, 166 Aufgaben, kart. ●●

Mehr Erfolg in Schule und Beruf
Besseres Deutsch
Mit Übungen und Beispielen für Rechtschreibung, Diktate, Zeichensetzung, Aufsätze, Grammatik, Literaturbetrachtung, Stil, Briefe, Fremdwörter, Reden. (4115) Von K. Schreiner, 444 S., 2 s/w-Fotos, 27 Zeichnungen, Pappband. ●●●

Richtiges Deutsch
Rechtschreibung · Zeichensetzung · Grammatik · Stilkunde. (0551) Von K. Schreiner, 128 S., 7 Zeichnungen, kart. ●

Diktate besser schreiben
Übungen zur Rechtschreibung für die Klassen 4–8. (0469) Von K. Schreiner, 152 S., 31 Zeichnungen, kart. ●

Aufsätze besser schreiben
Förderkurs für die Klassen 4–10. (0429) Von K. Schreiner, 144 S., 4 s/w-Fotos, 27 Zeichnungen, kart. ●

Deutsche Grammatik
Ein Lern- und Übungsbuch. (0704) Von K. Schreiner, 112 S., kart. ●

Mehr Erfolg in der Schule
Deutsche Rechtschreibung und Grammatik
Übungen und Beispiele für die Klassen 5–10. (4407) Von K. Schreiner, 256 S., durchgehend zweifarbig, Pappband. ●●●

Mehr Erfolg in der Schule
Der Deutschaufsatz
Übungen und Beispiele für die Klassen 5–10. (4271) Von K. Schreiner, 240 S., 4 s/w-Fotos, 51 Zeichnungen, Pappband. ●●●

Richtige Zeichensetzung
durch neue, vereinfachte Regeln. Erläuterungen der Zweifelsfragen anhand vieler Beispiele. (0774) Von Prof. Dr. Ch. Stetter, 160 S., kart. ●

Richtige Groß- und Kleinschreibung
durch neue, vereinfachte Regeln. Erläuterungen der Zweifelsfragen anhand vieler Beispiele. (0897) Von Prof. Dr. Ch. Stetter, 96 S., kart. ●

Besseres Grammatik
Grammatik und Übungen für die Klassen 5 bis 10. (0745) Von E. Henrichs, 144 S., ●●

The Grammar Master
Englische Grammatik üben und beherrschen. (7002) Diskette für den C 64/C 128 (im 64er Modus) ●●●●*

Vokabeltrainer Englisch
Von B. Hoppius. (7001) Wendediskette für C 64/ C 128 PC, mit Begleitheft. ●●●●*
(7007) Wendediskette für Atari ST 520/1040, mit Begleitheft. ●●●●*

Take a Trip to Britain
(7004) Von reLine, Diskette für C 64/C 128 PC, mit Begleitheft. ●●●●*

Schnell und sicher zum Führerschein
Tips und Tricks aus 30jähriger-Fahrschul-Praxis. (0921) Von O. Einert, 152 S., 156 Farbfotos, 161 z. T. farb. Zeichnungen, kart. ●●

Maschinenschreiben für Kinder
(0274) Von H. Kaus, 48 S., farbige Abb., kart. ●

So lernt man leicht und schnell
Maschinenschreiben
Lehrbuch für Schulen, Lehrgänge und Selbstunterricht. (0568) Von M. Kempkes, 112 S., 31 s/w- Fotos, 36 Zeichnungen, kart. ●●

Maschinenschreiben durch Selbstunterricht
(0170) Von A. Fonfara, 84 S., kart. ●

Maschinenschreiben
In 10 Tagen spielend gelernt. Von Unterrichtsmedien Hoppius. (7008) Diskette für den C 64 und C 128 PC ●●●●*
(7009) für IBM PC + kompatible, ●●●●●*
(7010) für Schneider CPC 464, 664, 6128, ●●●●●*

Stenografie leicht gelernt
im Kursus oder Selbstunterricht. (0266) Von H. Kaus, 64 S., kart. ●

Buchführung
leicht gefaßt. Ein Leitfaden für Handwerker und Gewerbetreibende. (0127) Von R. Pohl. 104 S., kart. ●

Buchführung leicht gemacht
Ein methodischer Grundkurs für den Selbstunterricht. (4238) Von D. Machenheimer, R. Kersten, 252 S., Pappband. ●●●

Erfolgreiche Kaufmannspraxis
Wirtschaftliche Grundlagen, Geld, Kreditwesen, Steuern, Betriebsführung, Recht, EDV. (4046) Von W. Göhler, H. Gölz, M. Heibel, Dr. D. Machenheimer, 544 S., gebunden. ●●●●

Familienrecht
Ehe – Scheidung – Unterhalt. (4190) Von T. Drewes, R. Hollender, 368 S., Pappband. ●●●

Scheidung und Unterhalt
nach dem neuen Eherecht. Mit dem Unterhaltsänderungsgesetz 1986. (0403) Von T. Drewes, 112 S., mit Kosten und Unterhaltstabellen, kart. ●

Erziehungsgeld, Mutterschutz, Erziehungsurlaub
Alles über das neue Recht für Eltern. Mit den Gesetzestexten. (0835) Von J. Grönert, 144 S., kart. ●

Endlich 18 und nun?
Rechte und Pflichten mit der Volljährigkeit. (0646) Von R. Rathgeber, 224 S., 27 Zeichnungen, kart. ●●

Was heißt hier minderjährig?
(0765) Von R. Rathgeber, C. Rummel, 148 S., 50 Fotos, 25 Zeichnungen, kart. ●●

Erbrecht und Testament
Mit Erläuterungen des Erbschaftssteuergesetzes von 1974. (0046) Von Dr. jur. H. Wandrey, 124 S., kart. ●

Testament und Erbschaft
Erbfolge, Rechte und Pflichten der Erben, Erbschafts- und Schenkungssteuer, Mustertestamente. (4139) Von T. Drewes, R. Hollender, 304 S., Pappband. ●●●

Mein letzter Wille
Ratgeber für Erblasser, Erben und Hinterbliebene. (0939) Von T. Drewes, 136 S., 9 s/w-Zeichnungen, kart. ●

Präzise Ratschläge für
Ihre optimale Rente
Vorbereitung · Berechnungsgrundlagen · Gesetzesänderungen · Individuelle Rechenbeispiele. (0806) Von K. Möcks, 96 S., 24 Formulare, 1 Graphik, kart. ●

Mietrecht
Leitfaden für Mieter und Vermieter. (0479) Von J. Beuthner, 196 S., kart. ●●

Wege zum Börsenerfolg
Aktien · Anleihen · Optionen (4275) Von H. Krause, 252 S., 4 s/w-Fotos, 86 Zeichnungen, Pappband. ●●●

So werde ich erfolgreich
Ratschläge und Tips für Beruf und Privatleben. (0918) Von H. Hans, 104 S., kart. ●●

99 Alternativen für Umsteiger
Mehr Freude am Leben mit dem richtigen Beruf. (4251) Von D. Maxeiner, P. Birkenmeier, 192 S., 143 Fotos, 46 Zeichnungen, kart. ●●●

Lebenslauf und Bewerbung
Beispiele für Inhalt, Form und Aufbau. (0428) Von H. Friedrich, 112 S. kart. ●

Erfolgreiche Bewerbungsbriefe und Bewerbungsformen
(0138) Von W. Manekeller, 88 S., kart. ●

Die erfolgreiche Bewerbung
Bewerbung und Vorstellung. (0173) Von W. Manekeller, 156 S., kart. ●

Die Bewerbung
Der moderne Ratgeber für Bewerbungsbriefe, Lebenslauf und Vorstellungsgespräche. (4138) Von W. Manekeller, 264 S., Pappband. ●●●

Erfolgreiche Bewerbung um einen Ausbildungsplatz
(0715) Von H. Friedrich, 136 S., kart. ●

Die ersten Tage am neuen Arbeitsplatz
Ratschläge für den richtigen Umgang mit Kollegen und Vorgesetzten (0855) Von H. Friedrich, 104 S., kart. ●

Zeugnisse im Beruf
richtig schreiben, richtig verstehen. (0544) Von H. Friedrich, 112 S., kart. ●

Vorstellungsgespräche
sicher und erfolgreich führen. (0636) Von H. Friedrich, 144 S., kart. ●

Keine Angst vor Einstellungstests
Ein Ratgeber für Bewerber. (0793) Von Ch. Titze. 120 S., 67 Zeichnungen, kart. ●

Esoterik

Bauernregeln, Bauernweisheiten, Bauernsprüche
(4243) Von G. Haddenbach, 192 S., 62 Farbabb. 9 s/w-Fotos, 144 s/w-Zeichnungen, Pappband. ●●●

Gesund durch Gedankenenergie
Heilung im gemeinsamen Kraftfeld (6035) VHS, 45 Min., in Farbe ●●●●●*

Die hier vorgestellten Bücher, Videokassetten und Software sind in folgende Preisgruppen unterteilt:

● Preisgruppe bis DM 10,–/S 79,–
●● Preisgruppe über DM 10,– bis DM 20,– S 80,– bis S 160,–

●●● Preisgruppe über DM 20,– bis DM 30,– S 161,– bis S 240,–

●●●● Preisgruppe über DM 30,– bis DM 50,– S 241,– bis S 400,–
●●●●● Preisgruppe über DM 50,–/S 401,–
*(unverbindliche Preisempfehlung)

Die Preise entsprechen dem Status beim Druck dieses Verzeichnisses (s. Seite 1) – Änderungen, im besonderen der Preise, vorbehalten –

Die Magie der Zahlen
So nutzen Sie die Geheimnisse der Numerologie für Ihr persönliches Glück mit dem völlig neuen Planetennumeroskop (4242) Von B. A. Mertz, 224 S., 36 Abbildungen, Pappband. ●●●

I Ging der Liebe
Das altchinesische Orakel für Partnerschaft und Ehe. (4244) Von G. Damian-Knight, 320 S., 64 s/w-Zeichnungen, Pappband. ●●●

Die neue Lebenshilfe Biorhythmik
Höhen und Tiefen der persönlichen Lebenskurven vorausberechen und danach handeln. (0458) Von W. A. Appel, 157 S., 63 Zeichnungen, Pappband. ●●

Die neue Erkenntnisse zum Biorhythmus
Individuelle Rhythmogramme für Berufserfolg und Gesundheit, Partnerschaft und Freizeit, Beilage: Tagesformplaner. (4276) Von H. Bott, 144 S., 35 s/w-Zeichnungen, Pappband. ●●

Falken-Handbuch **Kartenlegen**
Wahrsagen mit Tarot-, Skat-, Lenormand- und Zigeunerblättern. (4226) Von B. A. Mertz, 288 S., 38 Farb- und 108 s/w-Abb. Pappband. ●●●●

Wahrsagen mit Tarot-Karten
(0482) Von E. J. Nigg, 112 S., 4 Farbtafeln, 52 s/w-Abb., Pappband. ●●

Selbst Wahrsagen mit Karten
Die Zukunft in Liebe, Beruf und Finanzen. (0404) Von R. Koch, 112 S., 252 Abb., Pappband. ●●

Weissagen, Hellsehen, Kartenlegen . . .
Wie jeder die geheimen Kräfte ergründen und für sich nutzen kann. (4153) Von G. Haddenbach, 192 S., 40 Zeichnungen, Pappband. ●●

Erkennen Sie Psyche und Charakter durch **Handdeutung**
(4176) Von B. A. Mertz, 252 S., 9 s/w-Fotos, 160 Zeichnungen, Pappband. ●●●●

Falken-Handbuch **Astrologie**
Charakterkunde · Schicksal · Liebe und Beruf · Berechnung und Deutung von Horoskopen · Aszendenttabelle. (4068) Von B. A. Mertz, 342 S., mit 60 erläuternden Grafiken, Pappband. ●●●

Die Familie im Horoskop
Glück und Harmonie gemeinsam erleben – Probleme und Gegensätze verstehen und tolerieren. (4161) Von B. A. Mertz, 296 S., 40 Zeichnungen, kart. ●●●

Aztekenhoroskop
Deutung von Liebe und Schicksal nach dem Aztekenkalender. (0543) Von C.-M. und R. Kerler, 160 S., 20 Zeichnungen, Pappband. ●

Was sagt uns das Horoskop?
Praktische Einführung in die Astrologie. (0655) Von B. A. Mertz, 176 S., 25 Zeichnungen, kart. ●

Das Super-Horoskop
Der neue Weg zur Deutung von Charaker, Liebe und Schicksal nach chinesischer und abendländischer Astrologie. (0465) Von G. Haddenbach, 175 S., kart. ●

Liebeshoroskop für die 12 Sternzeichen
Alles über Chancen, Beziehungen, Erotik, Zärtlichkeit, Leidenschaft. (0587) Von G. Haddenbach, 144 S., 11 Zeichnungen, kart. ●

Die 12 Sternzeichen
Charakter, Liebe und Schicksal. (0385) Von G. Haddenbach, 160 S., Pappband. ●●

Die Tierzeichen im chinesischen Horoskop
(0423) Von G. Haddenbach, 128 S., Pappband. ●

Sternstunden
für Liebe, Glück und Geld, Berufserfolg und Gesundheit. Das ganz persönliche Mitbringsel für Widder (0621), Stier (0622), Zwillinge (0623), Krebs (0624), Löwe (0625), Jungfrau (0626), Waage (0627), Skorpion (0628), Schütze (0629), Steinbock (0630), Wassermann (0631), Fische (0632) Von L. Cancer, 62 S., durchgehend farbig, Zeichnungen, Pappband. ●

Computer-Bücher und Software

Computer Grundwissen
Eine Einführung in Funktion und Einsatzmöglichkeiten. (4302) Von W. Bauer, 176 Seiten, 193 Farb- und 12 s/w-Fotos, 37 Computergrafiken, kart., ●●●
(4301) Pappband. ●●●●

Einführung in die Programmiersprache BASIC.
(4303) Von S. Curran und R. Curnow, 192 S., 92 Zeichnungen, kart. ●●

Intelligenz in BASIC
für Schneider CPC 464/664/6128. Mit Diskette 3". (4320) Von K.-H. Koch, 160 S., 14 Zeichnungen, kart. ●●●●●

Lernen mit dem Computer. (4304)
Von S. Curran und R. Curnow, 144 S., 34 Zeichnungen, Spiralbindung, ●●

Garantiert BASIC lernen mit dem C 128
Mit kompletter Kurs-Diskette (4321) Von A. Görgens, 288 S., 4 s/w-Fotos, 83 Zeichnungen, kart. ●●●●

Grundwissen Informationsverarbeitung
(4314) Von H. Schiro, 312 S., 59 s/w-Fotos, 133 s/w-Zeichnungen, Pappband. ●●●●

Heimcomputer-Bastelkiste
Messen, Steuern, Basteln mit C 64-, Apple II-, MSX-, TANDY-, MC-, Atari- und Sinclair-Computern. (4309) Von G. A. Karl, 256 S., 160 Zeichnungen, kart. ●●●●

WORDSTAR 2000
Textverarbeitung für Einsteiger und Profis Mit erprobten Anwendungen aus der Praxis. (4317) Von D. Nasser, 200 S., 9 s/w-Fotos, 3 Zeichnungen, kart. ●●●●●

Drucker und Plotter
Text und Grafik für Ihren Computer. (4315) Von K.-H. Koch, 192 S., 12 Farbtafeln, 5 s/w-Fotos, kart. ●●●●

Computergrafik
Von den Grundlagen bis zum perfekten 3 D-Programm. (4319) Von A. Brück, 296 S., 20 Farbtafeln, 180 s/w-Grafiken, 50 s/w- Zeichnungen, 83 Listings, Pappband. ●●●●●

Textverarbeitung mit Home- und Personal-Computern
Systeme – Vergleiche – Anwendungen. (4316) Von A. Görgens, 128 S., 49 s/w-Fotos, kart. ●●●●

Die tägliche PC-Praxis
Anwendungshilfen, Programme und Erweiterungen für MS-DOS-Computer. (4322) Von A. Görgens, 224 S., 25 Abbildungen, kart. ●●●●

dBase III
Einführung für Einsteiger und Nachschlagewerk für Profis. (4310) Von J. Brehm, G. A. Karl, 211 S., 23 Abb., kart. ●●●●●

FALKEN PC PRAXIS
Desktop Publishing
Setzen und Drucken auf dem Schreibtisch. (4323) Von A. Görgens, 120 S., 11 s/w-Fotos, 72 Zeichnungen, kart. ●●●●

FALKEN PC PRAXIS
WordStar Praxis professionell
Für die Versionen 3.4/3.45/4.0 Erweiterungen · Praxis-Tips · Datenaustausch · Desktop Publishing. (4324) Von A. Görgens, 172 S., 2 s/w-Fotos, 2 s/w-Zeichnungen, 116 s/w-Grafiken, kart. ●●●●

39
42

nur DM 10,-

Die Super-Preisleistung

Die 100 bekanntesten und beliebtesten Volkslieder, mit wunderschönen Farbzeichnungen von Brian Bagnall, durchgehend farbig im Großformat als gebundener Pappband.

Kein schöner Land… Das große Buch unserer beliebtesten Volkslieder. (0001) Hrsg. von Norbert Linke, 208 Seiten, 118 Farbzeichnungen, Pappband.

Erschienen in der F. Bassermann'schen Verlagsbuchhandlung Nachf.

Die hier vorgestellten Bücher, Videokassetten und Software sind in folgende Preisgruppen unterteilt:

● Preisgruppe bis DM 10,–/S 79,–
●● Preisgruppe über DM 10,– bis DM 20,– S 80,– bis S 160,–
●●● Preisgruppe über DM 20,– bis DM 30,– S 161,– bis S 240,–
●●●● Preisgruppe über DM 30,– bis DM 50,– S 241,– bis S 400,–
●●●●● Preisgruppe über DM 50,–/S 401,– *(unverbindliche Preisempfehlung)

Die Preise entsprechen dem Status beim Druck dieses Verzeichnisses (s. Seite 1) – Änderungen, im besonderen der Preise, vorbehalten –